浙江省大宗商品流通行业
景气指数发展报告
（2015-2016）

饶爱民 蒋天颖 王帅 著

中国财经出版传媒集团

经济科学出版社
Economic Science Press

图书在版编目（CIP）数据

浙江省大宗商品流通行业景气指数发展报告：2015—2016/饶爱民，蒋天颖，王帅著．
—北京：经济科学出版社，2017.7

ISBN 978-7-5141-8209-5

Ⅰ.①浙⋯ Ⅱ.①饶⋯②蒋⋯③王⋯ Ⅲ.①商品流通-产业发展-研究报告-浙江-
2015—2016 Ⅳ.①F727.55

中国版本图书馆 CIP 数据核字（2017）第 166395 号

责任编辑：周胜婷
责任校对：隗立娜
责任印制：邱　天

浙江省大宗商品流通行业景气指数发展报告（2015—2016）

饶爱民　蒋天颖　王　帅　著

经济科学出版社出版、发行　新华书店经销

社址：北京市海淀区阜成路甲 28 号　邮编：100142

总编部电话：010-88191217　发行部电话：010-88191522

网址：www. esp. com. cn

电子邮箱：esp@esp. com. cn

天猫网店：经济科学出版社旗舰店

网址：http://jjkxcbs. tmall. com

固安华明印业有限公司印装

710×1000　16 开　　　15 印张　210000 字

2017 年 8 月第 1 版　2017 年 8 月第 1 次印刷

ISBN 978-7-5141-8209-5　定价：52.00 元

序

    完善浙江省大宗商品流通行业扶持政策，优化浙江省大宗商品流通企业发展环境，促进大宗商品流通企业转型升级是浙江省经济持续稳定发展的重要保证之一。近年来，为加快流通产业现代化的发展，国家相继发布了《关于推进线上线下互动加快商贸流通创新发展转型升级的意见》《"互联网＋流通"行动计划》等系列政策，更明确指出，以电子商务和现代物流为核心，推动大宗商品交易市场优化资源配置、提高流通效率。这表明了我国政府对流通产业现代化的重视程度与日俱增，也为大宗商品流通行业的创新发展指明了方向、明确了重点。目前，我国大宗商品市场流通环节过多，流通效率偏低，库存偏高，资金占压严重，信息化水平不高，严重制约了大宗商品流通行业的健康发展。为此，促进大宗商品流通行业健康发展，关键在于促进大宗商品流通企业发展方式的转变，推动大宗商品流通企业转型升级，降低大宗商品流通成本，提高资源配置效率。

    近年来，围绕浙江海洋经济发展示范区、义乌国际贸易综合改革试点、舟山群岛新区、温州金融综合改革试验区等"四大国家战略举措"和大平台、大产业、大项目、大企业"四大建设"，浙江实施创新驱动发展战略，优化经济结构，经济保持平稳较快增长。浙江区域性块状经济特色明显，浙江民营经济发达，民营企业投资已基本覆盖国民经济的各个领域，在浙江省创造了63％的生产总值、60％的税收和90％以上的新增就业岗位。浙江素有"市场大省"之称，商品交易市场数量多、规模大、综合能力强、辐射范围广，形成了以消费品市场为中心，专业市场为特色，生产资料市场为后续，其他要素市场相配套的商品交易网络。与此同时，浙江省各地区大宗商品流通企业都实现了长足的发展，但是面对复杂的国内外经济形势，它们也受到了前所未有的挑战。实践表明，不同地区的大宗商品流通企业发展状况不仅反映了该地区民营经济的发展状况，而且也在很大程度上体现了该地区的经济发展水平与发展潜力。加强对浙江省大宗商品流通行业发展状况的调研与分析，是掌握浙江省各地区大宗商品流通企业发展态势，全面评估浙江省各地区经济发展水平的迫切要求。

　　行业景气指数是用来衡量一个行业经济发展状况的重要指标之一。宁波大红鹰学院"浙江省大宗商品流通行业景气指数研究"课题组在相关研究课题项目及有关组织机构和部门的支持下，对浙江省大宗商品流通行业发展与景气指数评价研究成果进行了较为深入、系统的分析，并结合浙江省大宗商品流通企业发展实际情况于2016年启动编制了目前国内第一部区域大宗商品流通行业景气指数发展报告。报告以独特的研究视角和新颖的研究方法对浙江省及各个区域大宗商品流通行业的发展态势进行了分析评价，研究重点突出，现实针对性强，科学、客观、具体地反映了浙江省大宗商品流通行业发展的最新景气状况。该研究报告在大宗商品流通行业运行监测、政策分析及区域分析的过程中坚持理论联系实际，研究成果具有创新性与前瞻性，对于相关政府部门、研究机构以及大宗商品流通企业经营者均有较高的参考价值。

　　持续开展浙江省大宗商品流通行业景气指数的研究工作具有非常重要的意义，期望课题组研究人员在今后的编写工作中继续完善充实，取得更大的研究成果，以更好服务浙江省区域社会经济发展。

宁波大红鹰学院大宗商品商学院

2017 年 5 月

前　言

　　行业景气指数是用来衡量一个行业经济发展状况的"晴雨表"。行业景气指数是将能综合反映行业的各种指标进行加权编制而成的能够反映行业变动趋势的一种综合指数。影响行业景气的外因是宏观经济指标波动、经济周期、上下游产业链的供应需求变动，内因是行业的产品需求变动、生产能力变动、技术水平变化及产业政策的变化等。衡量行业景气与否必须以行业效益变动为重要指标，只有效益好才是实在的景气变好，很难想象效益下降而景气变好。大宗商品流通行业是提供大宗商品同类产品或服务的企业类别总称。由于管理水平、企业规模、地域分布等差异，浙江省大宗商品流通行业的不同企业生产经营、效益等方面存在较大的差异。只有了解了整个大宗商品流通行业的大多数企业，才能把握行业的发展方向，获得比较稳定可靠的信息。为了对浙江省大宗商品流通行业经济发展进行整体把握，同时能分析行业变动状况，课题组构建了浙江省大宗商品流通行业景气指数指标评价体系。

　　为了帮助浙江省量大面广的大宗商品流通企业及时了解企业运行现状及行业和区域发展态势，更好地为政府部门、行业机构以及企业自身提供决策依据，课题组依托浙江省应用经济学一流学科、宁波大宗商品流通协同创新中心、宁波大宗商品交易研究基地、宁波市大宗商品特色学院等部门的专家团队优势，从2016年9月开始策划开展有关浙江省大宗商品行业景气监测、景气指数编制工作。2017年5月，课题组完成了《浙江省大宗商品流通行业景气指数发展报告》（2015—2016）。这部报告在充分参考国内外最新研究成果的基础上，采用定性和定量分析相结合的方法，基于中国统计年鉴、浙江省及各地市统计年鉴、中国PMI数据及课题组独自实施的问卷调查，首次建立了浙江省大宗商品流通行业景气指数综合评价体系。

　　本报告由六章构成。第一章是大宗商品流通行业发展概况。首先对大宗商品流通行业概念及其分类进行了阐释；其次分析了2015—2016年世界及中国的宏观经济形势，说明当前世界经济发展中需要关注的问题；再其次是从国际大宗商品分类产品价格及走势和国际大宗商品流通的主要影响因素等方面对国际大宗商品流通状况进行了分析；最后从英国脱欧、巴黎恐怖袭击事件以及嘉能可—斯特拉塔债务危机三个方面对国内外大宗商品行业热点问题进行了简要回顾。第二章为浙江省大宗商品流通行业的状况分析。内容主要包括：浙江省大宗商品流通企业发展概况；大宗商品交易市场的空间格局特征；浙江省大宗商品交易市场空间分布特征；浙江省大宗商品交易市场区位选择因素分析。第三章和第四章为浙江省大宗商品流通行业景气指数测评，是报告的核心部分。其中第三章阐述了浙江省大宗商品流通行业景气指数构建理论与方法，内容包括景气指数的相关理论、景气指数评价指标选取原则、评价指标的选取、数据收集与预处理、指标体系及权重的确定以及综合指数评价模型的构建等内容。第四章为浙江省大宗商品流通行业景气指数实证测评。首先对2015和2016年浙江省11个地市大宗商品流通行业景气指数进行了测算，并进行比较；其次分别对浙江省11个地市大宗商品流通行业景气指数状况进行了分析。第五章是推进浙江大宗商品流通行业发展的对策建议，分别从大宗商品商贸物流企业、大宗商品物流企业、大宗商品金融服务企业和大宗商品流通企业四个层面提出了完善浙江省大宗商品流通行业发展的具体对策措施。第六章为浙江省大宗商品流通行业发展的典型案例研究。内容包括：甬商所商业模式创新案例、余姚中国塑料城转型升级案例、中国（舟山）大宗商品交易中心国际化案例以及新华浙江大宗商品交易中心争夺国际话语权案例。最后附有参考文献。

　　本书作为浙江省大宗商品流通行业景气指数研究的首部研究报告，具有以下学术价值和社会效益。一是进一步完善了我国行业景气指数评价方法与指标体系。本书通过选取浙江省11个地市统计年鉴数据、数据库以及课题组调查等获得的数据，使用主成分分析法等方法，求算出了浙江省及11个地市的大宗商品行业景气指数，系统总结了浙江省不同地区大宗商品流通企业的最新发展现状。这在迄今有关行业景气指数研究中还是少见的，具有理论创新和实践示范价值。二是报告密切关注近年来浙江省大宗商品流通企业发展的现状、发展瓶颈和应对措施，尤其聚焦大宗商品流通企业融资政策、税收政策、转型升级、企业国际化等重点问题。三是本书通过对浙江省大宗商品流通行业景气指数的最新分析，可以帮助浙江省大宗商品流通企业及时了解其所在行业或地区的整体发展态势，明确其在行业或地区中的地位，较为客观地评估各地区大宗商品流通企业的优势所在及不足之处，从而有利于浙江省大宗商品流通企业在转型升级过程中制定正确的经营方针和发展策略。四是在本书撰写过程中，课题组依托大宗商品流通协同创新中心，定期开展浙江省大宗商品流通行业景气问卷调查，不断充实大宗商品流通企业数据库。这对于深化"政产学研"合作，促进当前浙江省正大力推进的企业公共服务平台建设具有非常重要的意义。

本书是宁波市大宗商品流通协同创新中心的科研项目成果。报告由饶爱民、蒋天颖、王帅负责撰写，刘春香、潘青松、黄春芳、朱艳敏等协助编写了部分章节，黄春芳负责大宗商品相关数据处理，胡默、何杰负责全书图表编辑。饶爱民、蒋天颖对全书进行了统稿校对。在报告编写过程中得到了宁波大红鹰学院、浙江工业大学中小企业研究院等有关组织机构和部门的指导与支持，他们都为本书的问世提供了大力支持和帮助，在此表示衷心感谢！浙江工业大学池仁勇教授、程聪副研究员对本书提出了许多宝贵意见，在此一并表示感谢。

感谢浙江省中小企业局、宁波市发改委服务处等单位，以及西安交通大学经济与金融学院、江西财经大学国际金融贸易学院、宁波大宗商品交易所、浙江舟山大宗商品交易所等协同单位在编写中提供的帮助和指导。

同时，还要感谢经济科学出版社为本书的编辑出版所付出的诸多心血和努力，他们细致高效的工作保证了本书的顺利出版。

尽管参加本年度研究报告的专家、学者以及实际部门的工作者都对自己撰写的内容进行了专门的潜心研究，但由于研究者自身水平局限，加之时间又紧，难免存在诸多不足之处。本书如有不妥之处，敬请各位读者批评指正。

课题组

2017 年 5 月

目　录

第一章

大宗商品流通行业发展概况

第一节 大宗商品流通相关概念界定

一、 大宗商品的流通相关概念

商品流通是指商品从生产领域到消费领域的转移过程，这一定义被当前学术界广泛认可。商品流通包括商流与物流两层含义，即商品的所有权转移与商品的实体转移。

大宗商品流通是相对于社会的一般商品而言的，大宗商品具有高度同质性，流通价值较大，价格波动幅度也较大。本次报告中的大宗商品物流包含但不限于以下三个方面：一是大宗农产品流通，主要包含大米、小麦（面粉）、棉花、林木、标准化皮革的流通；二是大宗金属产品流通，主要包含铁（钢材）、铜、铝的流通；三是能源化工产品的流通，主要包括石油、天然气、煤炭（焦炭）、天然橡胶等。

大宗商品流通行业一方面是指大宗商品物流行业，包含大宗商品的自营物流和第三方物流。自营物流是指大宗商品的供给方和需求方通过自己的物流体系实现的大宗商品流通，而第三方物流一般是专门的物流公司负责大宗商品的流通。另一方面大宗商品流通行业是指商流。商流主要是进行大宗商品的交易，包括但不限于大宗商品交易平台、大宗商品分销商、大宗商品加工商等，这些企业共同组成大宗商品的交易和销售网络，从而使得大宗商品由供给者手中到达需求者手中。

二、 大宗商品流通行业的分类及概念

大宗商品是大宗商品流通的基础，没有大宗商品的供给与需求也就没有大宗商品的流通环节，由于各种大宗商品的供给和需求类型不同，也造成了各种大宗商品流通之间的差异。关于大宗商品分类，有多种的分类方式，国际基金组织的大宗商品检测分类方式是先将大宗商品划分为能源品与非能源品，非能源品包括食品饮料和工业投入品两个大类，再将食品饮料具体的划分成食品类和饮料类。在食品类里主要包含谷物、植物油、肉类、海鲜、糖、香蕉和柑橘的价格，饮料包含橙汁、可可和茶的价格。非能源品除食品饮料类外就是工业投入品，工业投入品包含农业原材料和金属产品，除此之外，能源品主要包括原油、天然气和煤炭。美国标普—高盛商品指数则是包含 6 种能源产品、5 种工业金属、8 种农产品、3 种畜牧产品、2 种贵金属，指数的主要构成是能源产品占 79.04％、农产品和畜牧品占 9.16％、基本金属占 5.82％、贵金属占 1.61％，以上比重会根据过去五年中 OECD 数据的平均美元价值每年重新评估一次。

根据中国的大宗商品特点和大宗商品的一般分类方法，协同创新中心将大宗商品分为农产品、工业投入品和能源产品。农产品主要是谷物产品，包括大米、小麦、大豆和玉米等；工业投入品包含金属和非金属工业投入品；金属产品包括铜、铁、铝等，而非金属品则是像天然橡胶、乙烯和芳香烃等；能源产品则包含原油、煤炭、天然气等。该分类方法在一定程度上简化了大宗商品所囊括的范围，无法做到一一深入，但是也使得调查研究更加的细致。

可见，大宗商品流通行业是指大宗商品生产后进入消费过程中所经历的一系列流通过程中所涉及的行业。

第二节　世界宏观经济概况

一、　2015～2016年世界经济贸易总体状况

2015年，受有效需求普遍不足、大宗商品价格大幅下滑、全球贸易持续低迷、金融市场频繁震荡等不利因素叠加影响，世界经济增速低于预期。发达经济体总体温和复苏，但基础并不牢固。美国、英国相对较好，全年分别增长2.4％和2.2％，但受贸易低迷等因素拖累，美国四季度经济环比折年率增长1.4％，增速较三季度回落0.6个百分点；欧元区全年增长1.6％，较2014年提高0.7个百分点；日本经济仍陷低迷，全年仅增长0.5％，四季度再度出现萎缩。新兴经济体经济增速连续第五年放缓且严重分化，部分国家出现资本外流、货币贬值、外储下降、汇市动荡相互作用的共振现象。中国和印度仍然保持高增长，但已有所减缓；巴西和俄罗斯出现严重衰退，年度增长下降幅度均超过3.0％；中东地区经济保持增长，但油价下跌和地缘政治紧张局势对部分国家产生冲击；受大宗商品价格下跌等因素影响，撒哈拉以南非洲国家增速明显下滑，其中尼日利亚经济仅增长2.7％，大幅下滑3.6个百分点。国际货币基金组织统计显示，2015年世界经济增长3.1％，为2009年以来最低增速。其中，发达国家增长1.9％，高出2014年0.1个百分点；新兴市场和发展中国家增长4.0％，低于2014年0.6个百分点。

进入2016年，全球经济呈现企稳迹象，金融市场信心回升，大宗商品价格反弹，多数主要经济体货币对美元小幅升值，但实体经济依然脆弱，市场需求依旧低迷，宏观政策效力减弱，世界经济低增长高风险局面难有根本改观。发达经济体复苏势头放缓，美国经济好于其他发达国家，但一季度企业投资、出口、制造业采购经理人指数等指标表现不佳，GDP环比折年率仅增长0.5％，显示经济增长势头仍不强劲；欧元区政府负债率已开始下降，债务危机风险减小，但难民潮、

英国脱欧公投等问题增加欧洲经济的不确定性；日本经济政策效应衰减，经济增长动力进一步减弱。新兴经济体总体反弹乏力，巴西、俄罗斯等国工业产值萎缩，增长前景不容乐观。国际货币基金组织预计，2016 年世界经济增长 3.2%，高于 2015 年 0.1 个百分点，延续弱势复苏格局。发达国家增长 1.9%，与 2015 年持平。新兴经济体和发展中国家增长 4.1%，高于 2015 年 0.1 个百分点（见表 1-1）。

表 1-1　　　　　　　2014～2017 年世界经济增长趋势　　　　（单位：%）

地区	2014 年	2015 年	2016 年	2017 年
世界经济	3.4	3.1	3.2	3.5
发达国家	1.8	1.9	1.9	2.0
美国	2.4	2.4	2.4	2.5
欧元区	0.9	1.6	1.5	1.6
英国	2.9	2.2	1.9	2.2
日本	0.0	0.5	0.5	−0.1
新兴市场和发展中国家	4.6	4.0	4.1	4.6
俄罗斯	0.6	−3.7	−1.8	0.8
中国	7.3	6.9	6.5	6.2
印度	7.3	7.3	7.5	7.5
巴西	0.1	−3.8	−3.8	0.0
南非	1.5	1.3	0.6	1.2

注：2016 年和 2017 年为预测值。

资料来源：国际货币基金组织．世界经济展望．2016，4.

受全球经济放缓、国际需求不振的影响，2015 年世界货物贸易增长疲软。据世界贸易组织统计，2015 年，世界贸易量增长 2.8%，连续第四年低于 3%，并且连续第四年低于世界经济增速；贸易额从 2014 年的 19 万亿美元大幅下降 13%，至 16.5 万亿美元。发达国家出口量增长 2.6%，进口量增长 4.5%，其中欧洲成为 2015 年全球贸易亮点，拉动全球进口量增长 1.5 个百分点。发展中国家出口量增长 3.3%，进口量增长 0.2%，其中亚洲出口量增长 3.1%，进口量增长 1.8%。

进入 2016 年，世界经济延续弱势复苏格局，美元加息进程不确定性增大，地缘政治风险上升，全球贸易难以摆脱困境。世界贸易组织4月公布的最新数据显示，2016年前2个月全球71个经济体（出口总值占全球贸易总值90％）出口总值同比下降9.5％（按照美元计价），比2015年同期降幅进一步回落0.5个百分点，发达经济体和新兴经济体均出现不同程度下降，其中美国、日本和欧盟出口额分别下降7.4％、7.1％和6.7％，巴西、俄罗斯、南非和印度出口额分别下降4.7％、35％、19.6％和9.8％；进口方面，前2个月全球71个经济体下降8.2％，比2015年同期回升0.8个百分点。世界贸易组织预计，2016年世界贸易量增长率为2.8％，与2015年持平。其中，发达国家出口量增长2.9％，略好于2015年，进口量增长3.3％，增速较2015年有所放缓；发展中国家和新兴市场经济体出口量增长2.8％，较2015年下滑，为金融危机以来首次低于发达国家出口增速；进口量增长1.8％，增速较2015年有所改善，但仍低于发达国家（见表1-2）。

表1-2	2014～2017年世界贸易增长趋势			（单位：％）
区域	2014年	2015年	2016年	2017年
世界货物贸易量	2.8	2.8	2.8	3.6
出口：发达国家	2.4	2.6	2.9	3.8
发展中国家和新兴经济体	3.1	3.3	2.8	3.3
进口：发达国家	3.5	4.5	3.3	4.1
发展中国家和新兴经济体	2.1	0.2	1.8	3.1

注：2016年和2017年为预测值。

资料来源：世界贸易组织．贸易快讯．2016，4.

与世界经济和国际贸易双双低迷形成鲜明对比的是，全球外商直接投资（FDI）流量强劲反弹。据联合国贸发会议最新数据，2015年，全球FDI逆势增长36％，约为1.7万亿美元，为金融危机以来最高水平。在跨境并购的驱动下，流入发达国家的直接投资飙升90％，达到9 360亿美元；流入发展中国家的直接投资增长5％，达到7 410亿美元的历史最高水平。与之相对，2015年"绿地投资"停滞不前，其中对发展中国家绿地投资有所下降，表明跨境企业资本投资增长乏力。由于主要由跨境并购而非生产性绿地投资推动，全球FDI的增长未能有效转化为生产能力的扩张，贸易投资发展的互动性有所减弱。由于全球经济复苏缓慢、国际市场需求疲软、金融市场频繁动荡以及一些主要新兴经济体经济增长减速，以及地缘政治风险和地区紧张局势加剧，预计 2016 年全球 FDI 流动可能出现下降。

二、 2015～2016 年世界主要国家和经济体经济发展状况

1. 美国

2015 年，美国经济增长 2.4％，与 2014 年持平。其中，个人消费增长 3.1％，为经济增长贡献 2.11 个百分点；私人投资增长 4.9％，政府支出和投资增长 0.7％，分别为经济增长贡献 0.82 和 0.13 个百分点；贸易逆差创四年来新高，拖累经济下滑 0.64 个百分点，为近年之最；企业盈利下滑 3.2％，为 2008 年危机以来首次下滑。美元指数在 2015 年上半年延续了 2014 年的持续上涨之后，在 2015 年下半年来也开始震荡下跌，到 2015 年 10 月中旬，随着美国经济积极迹象增多，欧盟难民问题持续发酵等原因，美元指数进一步上涨，重回 100 点大关。

预计 2016 年美国经济的积极迹象有所增多。野村证券预测美国 3 月份核心 CPI 同比上涨 2.2％，创四年半新高，基本摆脱通缩风险。同时 2015 年 4 季度美国非农业新增就业 21.5 万人，小幅好于预期；失业率为 5％，预计年底进一步降至 4.7％。国际货币基金组织最新报告预计 2016 年美国经济增长 2.4％，较上次预测下调 0.2 个百分点，与过去两年实际增速持平。美联储预计 2016 年美国经济增长 2.2％。

2. 欧盟

2015 年，欧元区主权债务问题进一步缓和，劳动力市场和信贷市场有所改善，但内部需求动力不足，加上地缘政治局势紧张、难民危机发酵等因素影响，经济增长持续低迷。2015 年欧元区经济增长 1.6％，其中德国增长 1.7％，法国增长 1.2％，意大利增长 0.8％，希腊则继续下降。国际油价下跌和新兴市场经济增长趋缓加大欧元区通

缩压力，2015 年欧元区通胀水平仅为 0.6％，远远低于欧央行 2％的
目标。欧元区国家以外，英国在 2015 年实现了稳健的经济增长，2015
年英国年度经济增长保持在 2.2％，高于欧元区国家平均水平。同时
值得注意的是值得关注的是，英国就业状况延续近年总体趋势持续向
好。统计显示英国失业率下跌至当前的 5.5％，预计在未来几年继续
企稳，接近充分就业水平。

进入 2016 年，欧元区部分经济指标出现回暖迹象，但零售市场低
速增长，消费者信心依旧低迷，通缩风险挥之不去，复苏的可持续性
仍然存在变数。受油价下跌影响，2 月物价年率下降 0.2％，自 2015
年 9 月以来首次出现负值，3 月也仅为零增长。市场预计，欧洲央行
为实现 2％的通胀目标，可能将采取新一轮经济刺激措施，包括进一
步降低超额准备金利率（目前为－0.3％）以及扩大每月 600 亿欧元的
量化宽松计划。国际货币基金组织预计，2016 年欧元区经济增长
1.5％，略低于 2015 年。

3. 日本

2015 年日本经济增长 0.5％，较 2014 年略有好转。国内需求增长
停滞，其中民间需求下降 0.1％，特别是民间最终消费需求下降
1.3％，公共需求增长 0.4％。在日元小幅升值的情况下，日本出口仍
增长 2.7％，进口增长 0.2％。宽松货币政策对股市的刺激效应减弱，
日经指数 2015 财年（截至 2016 年 3 月 31 日）收盘价 5 年来首次出现
同比下跌，跌幅为 13％。

进入 2016 年，日本经济主要指标表现疲弱，经济前景不乐观。特
别是一季度，日元实际有效汇率累计升值 6.6％，成为全球升值幅度
最大的货币之一，可能对今后一段时期出口产生负面影响。与此同时，
日本宏观经济政策已难有更大作为。财政政策方面，继续提高消费税
虽有望一定程度上缓解日本庞大的公共债务，但同时也将挫伤居民消
费和企业生产投资的积极性，导致内需不足问题进一步恶化。货币政
策方面，2 月日本央行实行负利率政策，但 3 月贷款增速仍降至近三

年以来的最低值，显示负利率政策效果不彰；日本央行已持有 34.5% 的政府债券，继续通过大举购债实施量化宽松的空间也在缩小。国际货币基金组织预计 2016 年日本经济增长 0.5%，与 2015 年持平。

4. 新兴市场和发展中国家

2015 年，新兴市场和发展中国家经济增速连续第五年下滑。能源等大宗商品价格下跌、进口急剧下降、金融市场大幅震荡、外部金融条件收紧、资本流入减少及货币进一步贬值，使得新兴经济体风险因素增多、下行压力加大，全年经济增长 4%，为 2008～2009 年金融危机以来最低水平。其中，亚洲发展中国家增长 6.6%，仍然遥遥领先于其他地区。印度是全球主要经济体中增长最快的，2015 财年 GDP 增长 7.6%，为 5 年来最高水平。油价暴跌使得印度进口支出大幅下降，提高了个人、企业和政府的购买力，拉动印度 GDP 增长 1 个百分点左右。拉美多数国家经济保持增长，但巴西经济萎缩 3.8%，为 20 世纪 90 年代来以来最严重衰退，其中固定资产投资连续 7 个季度下降，家庭消费支出连续 4 个季度下降。俄罗斯经济继续衰退，全年下降 3.7%。

进入 2016 年，得益于美联储加息步伐放缓，新兴经济体发展的外部环境有所改善，资本外流减少，汇率总体趋于稳定。一季度，新兴市场的股票、债券和汇率均出现多年来的最大涨幅。但若美联储进一步加息，新兴经济体外部环境的改善可能逆转，特别是大宗商品出口可能再度下滑，对经济增长构成阻碍。国际货币基金组织将主要商品出口国和地区经济增速不同程度下调，其中中东地区 2016 年经济增速预期下调 0.5 个百分点至 3.1%，俄罗斯 2016 年经济增速预期下调 0.8 个点至－1.8%，巴西 2016 年经济增速下调 0.3 个百分点至－3.8% 的新低。此外，国际货币基金组织预计 2016 年撒哈拉以南非洲的石油出口国经济仅增长 2%。

三、 2015～2016 年我国宏观经济概况

近两年，面对错综复杂的国内外经济形势和严峻挑战，中国政府

坚持稳中求进工作总基调，坚持稳增长、调结构、惠民生、防风险，主动适应和引领新常态，不断创新宏观调控方式，深入推进结构性改革，扎实推动"大众创业、万众创新"，经济保持了总体平稳、稳中有进、稳中有好的发展态势。经济运行保持在合理区间，结构调整成效显著，转型升级步伐加快，民生事业持续进步，实现了"十二五"圆满收官。

1. 经济总体平稳发展，产业结构不断优化

2015年，中国经济运行保持在合理区间，结构优化取得积极进展。全年国内生产总值676 708亿元，增长6.9%，在世界主要经济体中位居前列。而2016年国内生产总值为744 127亿元，按同比价格计算同比增长6.7%。分季度看，2015年一季度同比增长7.0%，二季度增长7.0%，三季度增长6.9%，四季度增长6.8%。2016年，则一季度同比增长6.7%，二季度增长6.7%，三季度增长6.7%，四季度增长6.8%。分产业看，2015年第一产业增加值60 863亿元，增长3.9%；第二产业增加值274 278亿元，增长6.0%；第三产业增加值341 567亿元，增长8.3%，在国内生产总值中的比重首次超过50%，达50.5%，比2014年提高2.4个百分点，高于第二产业10个百分点。节能降耗取得新成效，单位国内生产总值能耗下降5.6%。2016年，第一产业增加值63 671亿元，同比增长3.3%；第二产业增加值296 236亿元，增长6.1%；第三产业增加值384 221亿元，增长7.8%，较第二产业快1.7个百分点，占GDP比重达52.8%，较2015年同期提高1.6个百分点，高于第二产业13.3个百分点。

2. 农业经济持续向好，农产品产量保持稳定

中国政府加大"三农"政策支持力度，促进农业综合生产能力不断提升。2015年，全年粮食总产量62 144万吨，比2014年增加1 441万吨，增长2.4%，实现历史性的"12连增"。其中，夏粮产量14 112万吨，增长3.3%；早稻产量3 369万吨，下降0.9%；秋粮产量44 662万吨，增长2.3%。谷物产量57 225万吨，比2014年增长

2.7％。棉花产量561万吨，比2014年下降9.3％。全年猪牛羊禽肉产量8454万吨，比2014年下降1.0％，其中猪肉产量5487万吨，下降3.3％；禽蛋产量2999万吨，增长3.6％；牛奶产量3755万吨，增长0.8％。

2016年，全年粮食总产量61624万吨，较2015年减少520万吨，减产0.8％。其中，夏粮产量13920万吨，减产1.2％，是历史第二高产年；早稻产量3278万吨，减产2.7％；秋粮产量44426万吨，减产0.6％。全年谷物产量56517万吨，比上年减产1.2％。其中，稻谷产量20693万吨，减产0.6％；小麦产量12885万吨，减产1.0％；玉米产量21955万吨，减产2.3％。全年肉类总产量8540万吨，比2015年下降1.0％。其中，猪肉产量5299万吨，下降3.4％；牛肉产量717万吨，增长2.4％；羊肉产量459万吨，增长4.2％；禽肉产量1888万吨，增长3.4％。禽蛋产量3095万吨，增长3.2％。牛奶产量3602万吨，下降4.1％。

3. 工业转型升级成效明显，新兴产业快速增长

工业结构调整加快，转型升级成效明显。规模以上工业增加值按可比价格计算2015年比2014年增长6.1％，2016年比2015年增长6.0％。分经济类型看，2015年国有控股企业增加值比2014年增长1.4％，集体企业增长1.2％，股份制企业增长7.3％，外商及港澳台商投资企业增长3.7％。分三大门类看，采矿业增加值比2014年增长2.7％，制造业增长7.0％，电力、热力、燃气及水生产和供应业增长1.4％。新兴产业快速增长，高技术产业增加值比2014年增长10.2％，比规模以上工业快4.1个百分点，占规模以上工业比重为11.8％，比2014年提高1.2个百分点。其中航空、航天器及设备制造业增长26.2％，电子及通信设备制造业增长12.7％，信息化学品制造业增长10.6％，医药制造业增长9.9％。全年规模以上工业企业产销率达到97.6％。受市场需求不足、产品价格下降、成本费用上升及企业流动资金紧张制约生产经营等因素影响，全年规模以上工业企业利润总额比 2014 年下降 2.3%。采矿和原材料行业利润下降明显，符合转型升级方向的行业利润则保持较快增长，其中高技术制造业利润比 2014 年增长 8.9%，装备制造业增长 4%，消费品制造业增长 7%。

比较之下，2016 年国有控股企业增加值比 2015 年增长 2.0%；集体企业下降 1.3%，股份制企业增长 6.9%，外商及港澳台商投资企业增长 4.5%。分三大门类看，采矿业增长值则比 2015 年下降 1.0%，制造业增长 6.8%，电力、热力、燃气及水生产和供应业增长 5.5%。高技术制造业增加值增长 10.8%，占规模以上工业增加值的比重为 12.4%，比 2015 年提高 0.6 个百分点。高新技术产业增势良好，其中通用设备制造业增长 5.9%，专用设备制造业增长 6.7%，化学原料和化学制品制造业增长 7.7%，汽车制造业增长 15.5%，电气机械和器材制造业增长 8.5%，计算机、通信和其他电子设备制造业增长 10.0%，工业战略性新兴产业增加值增长 10.5%。全年规模以上工业企业产销率达到 97.8%，利润总额达到 68 803.2 亿元，比上年增长 8.5%，其中高技术制造业利润比 2015 年增长 5.9%，装备制造业增长 4.4%，消费品制造业增长。

4. 固定资产投资增速有所回落，但是仍快速增长

2015 年全年固定资产投资（不含农户）551 590 亿元，比 2014 年增长 10%，扣除价格因素实际增长 12%，实际增速比 2014 年回落 2.9 个百分点。其中，国有控股投资 178 933 亿元，增长 10.9%；民间投资 354 007 亿元，增长 10.1%，占全部投资的比重为 64.2%，比 2014 年增加 0.1 个百分点。分地区看，东部地区投资 228 747 亿元，比 2014 年增长 12.7%；中部地区增长 15.7%，快于东部地区 3 个百分点；西部地区增长 9%。分产业看，产业结构持续优化，第一产业投资 15 561 亿元，比 2014 年增长 31.8%；第二产业投资 224 090 亿元，增长 8%；第三产业投资 311 939 亿元，增长 10.6%，比第二产业增速快 2.6 个百分点。着力推进重大项目建设落实，基础设施投资增长 17.2%。扎实推进保障性安居工程建设，城镇保障性安居工程住房基本建成772万套，棚户区住房改造开工601万套，农村危房改造432万户。

2016年全年固定资产投资（不含农户）596 501亿元，比2015年增长8.1%扣除价格因素实际增长9.5%，实际增速比2015年回落0.8个百分点。其中国有控股投资151 617亿元，增长21.1%；民间投资261 934亿元，增长2.5%，占总投资比重61.4%，较2015年下降3.4个百分点。分区域看，东部地区投资249 665亿元，比上年增长9.1%；中部地区投资156 762亿元，增长12.0%，快于东部地区2.9个百分点；西部地区投资154 054亿元，增长12.2%。分产业看，第一产业投资18 838亿元，比上年增长21.1%；第二产业投资231 826亿元，增长3.5%；第三产业投资345 837亿元，增长10.9%，比第二产业快7.4个百分点。而基础设施投资118 878亿元，增长17.4%，占固定资产投资（不含农户）的比重为19.9%。全年全国城镇棚户区住房改造开工606万套，棚户区改造和公租房基本建成658万套，贫困户危房改造158万户。

5. 市场销售增势良好，消费经济规模不断扩大

2015年国内消费市场运行平稳，全年社会消费品零售总额300 931亿元，较2014年同比增长10.7%，扣除价格因素实际增长10.6%。商务部重点监测企业全年销售额同比增长4.5%。而2016年全年社会消费品零售总额332 316亿元，比2015年增长10.4%，扣除价格因素，实际增长9.6%。商务部重点监测企业全年销售额同比增长8.1%。消费对经济增长的拉动作用持续增强，2015年消费对国民经济增长的贡献率达到66.4%，较2014年提升14.8个百分点。而2016年贡献率则达到71.0%，较2015年提升了4.6个百分点。按经营地分，2015年城镇消费品零售额258 999亿元，比2014年增长10.5%，乡村消费品零售额41 932亿元，增长11.8%。按消费形态分，餐饮收入32 310亿元，增长11.7%，商品零售268 621亿元，增长10.6%，其中限额以上单位商品零售133 891亿元，增长7.9%。而2016年城镇消费品零售额 285 814 亿元，比 2015 年增长 10.4％；乡村消费品零售额 46 503 亿元，增长 10.9％。按消费形态统计，餐饮收入额 35 799 亿元，增长 10.8％；商品零售额 296 518 亿元，增长 10.4％；其中限额以上单位商品零售 101 785 亿元，增长 7.9％。2015 年由于消费结构持续升级，从而带动智能绿色产品销售强劲，全年新能源汽车销量增长 3.4 倍，限额以上单位通信器材、家电销售分别增长 29.3％及 11.4％。商务部重点监测企业 4G 手机销量同比增长 75.9％。而 2016 年，限额以上单位通信器材、家电销售分别增长 11.9％及 8.7％。新兴业态快速发展，电子商务及网络零售迅猛增长，2015 年全年全国网上零售额 38 773 亿元，比 2014 年增长 33.3％。其中，实物商品网上零售额 32 424 亿元，增长 31.6％，占社会消费品零售总额的比重为 10.8％。商务部重点监测零售企业中，网络零售额增长 11.8％，增速比超市、百货店和专业店分别高出 5 个、8.4 个和 11.5 个百分点。在 2016 年中，实物商品网上零售额 41 944 亿元，增长 25.6％，占社会消费品零售总额的比重为 12.6％。商务部重点监测零售企业中，网络零售额增长 26.2％，增速比超市、百货店和专业店分别高出 6.6 个、9.8 个和 7.5 个百分点。

6. 进出口有所下降，直接投资持续增长

受外需低迷、国内要素成本上升、大宗商品价格大幅下降等因素影响，2015 年全年外贸进出口总额 3.96 万亿美元，下降 8％。其中，出口 2.28 万亿美元，下降 2.8％；进口 1.68 万亿美元，下降 14.1％。出口占全球出口总额的 13.8％，比 2014 年提高 1.4 个百分点。而在 2016 年，全年外贸进出口总额 3.55 万亿美元，比上年下降 0.9％。其中，出口 1.92 万亿美元，下降 1.9％；进口 1.63 万亿美元，增长 0.6％。出口占全球出口总额的 13.2％，比 2015 年下降了 0.6 个百分点。吸收外资再创新高，2015 年全年实际使用外资 1 262.7 亿美元，同比增长 5.6％，增幅较 2014 年高出 3.9 个百分点。而 2016 年全年实际使用外资 1 260 亿美元，同比增长 4.1％，增幅较 2015 年减少 1.5

个百分点。外资结构持续优化，2015 年服务业实际使用外资 771.8 亿美元，增长 16.5%，占外资总额比重达到 61.1%，较 2014 年提高 5.7 个百分点，高出制造业 29.7 个百分点。高技术制造业实际使用外资 94.1 亿美元，同比增长 9.5%，占制造业实际使用外资总额的 23.8%。其中，全年中国境内非金融类投资者共对全球 155 个国家/地区的 6 532 家境外企业进行了直接投资，累计实现投资 1 180.2 亿美元，同比增长 14.7%。其中对"一带一路"相关的 49 个国家和地区直接投资 148.2 亿美元，同比增长 18.2%，占对外投资总额的 12.6%。对外承包工程完成营业额 1 540.7 亿美元，同比增长 8.2%。对外合作派出各类劳务人员 53 万人，较 2014 年同期减少 3.2 万人，同比下降 5.7%。但在 2016 年，全年服务业实际使用外资 5 715.8 亿元人民币，比上年增长 8.3%。占外资总额比重达到 70.3%，较 2015 年提高 9.6 个百分点。高技术制造业实际使用外资 598.1 亿元人民币，同比增长 2.5%。其中，中国境内投资者共对全球 160 个国家和地区的 6 535 家境外企业进行了非金融类直接投资，累计实现对外投资 1 342 亿美元，同比增长 53.7%。其中，与"一带一路"相关的 61 个国家新签合同 4 191 份，合同额 746 亿美元，占同期中国对外承包工程新签合同额的 50.4%。对外承包工程新签合同额 1 478 亿美元，增长 7.4%。全年对外直接投资额（不含银行、证券、保险）11 299 亿元，按美元计价为 1 701 亿美元，比上年增长 44.1%。其中，对"一带一路"沿线国家直接投资额 145 亿美元。全年对外承包工程业务完成营业额 10 589 亿元，按美元计价为 1 594 亿美元，比上年增长 3.5%。其中，对"一带一路"沿线国家完成营业额 760 亿美元，增长 9.7%，占对外承包工程业务完成营业额比重为 47.7%。对外劳务合作派出各类劳务人员 49 万人，下降 6.8%。

7. 居民消费价格温和上涨，居民收入和就业持续增长

2015 年全年居民消费价格总水平同比上涨 1.4%，涨幅较 2014 年回落 0.6 个百分点，其中城市上涨 1.5%，农村上涨 1.3%，分别回落

0.6 个和 0.5 个百分点。分类别看，食品烟酒价格比 2014 年上涨 2.2%，衣着上涨 2.7%，家庭设备用品及维修服务上涨 1.0%，医疗保健和个人用品上涨 2.0%，娱乐教育文化用品及服务上涨 1.4%，居住上涨 0.7%，交通和通信则下降 1.7%。全年工业生产者出厂价格比 2014 年下降 5.2%，工业生产者购进价格比 2014 年下降 6.1%。人民生活进一步改善，收入水平持续提高。全国居民人均可支配收入 21 966 元，实际增长 7.4%，继续快于经济增速。其中，城镇居民人均可支配收入 31 195 元，实际增长 6.6%；农村居民人均可支配收入实际增长 7.5%，较城镇居民高出 0.9 个百分点，增速连续 6 年快于城镇。年末全国就业人员 77 451 万人，较 2014 年末增加 198 万人，其中城镇就业人员 40 410 万人，较 2014 年末增加 1 100 万人。城镇新增就业 1 312 万人，超过全年预期目标，成为经济发展一大亮点。全年农民工总量 27 747 万人，比 2014 年增加 352 万人，增长 1.3%，农民工月均收入水平 3 072 元，比 2014 年增长 7.2%。

在 2016 年里，国居民人均消费支出 17 111 元，比上年增长 8.9%，扣除价格因素，实际增长 6.8%。按常住地分，城镇居民人均消费支出 23 079 元，增长 7.9%，扣除价格因素，实际增长 5.7%；农村居民人均消费支出 10 130 元，增长 9.8%，扣除价格因素，实际增长 7.8%。分类别看，食品烟酒比 2015 年上涨 3.8%，衣着上涨 1.4%，家庭设备用品及维修服务上涨 0.5%，医疗保健和个人用品上涨 3.8%，娱乐教育文化用品及服务上涨 1.6%，居住上涨 1.6%，交通和通信则下降 1.3%。全年全国居民人均可支配收入 23 821 元，比上年增长 8.4%，扣除价格因素，实际增长 6.3%；按常住地分，城镇居民人均可支配收入 33 616 元，比上年增长 7.8%，扣除价格因素，实际增长 5.6%；城镇居民人均可支配收入中位数 31 554 元，增长 8.3%。扣除价格因素，实际增长 5.6%。农村居民人均可支配收入 12 363 元，比上年增长 8.2%，扣除价格因素，实际增长 6.2%；较城镇居民高出 0.6 个百分点，增速连续 7 年快于城镇。年末全国就业人员 77 603 万人，其中城镇就业人员 41 428 万人。全年城镇新增就业 1 314 万人。年末城镇登记失业率为 4.02％。全国农民工总量 28 171 万人，比上年增长 1.5％。其中，外出农民工 16 934 万人，增长 0.3％；本地农民工 11 237 万人，增长 3.4％，全国农民工人均月收入 3 275 元，比 2015 年增长 6.6％。

8. 财政和金融总体平稳

受经济增速放缓和国家减税降费等因素影响，财政收入增长减速。同时，国家加大对社会保障、教育医疗等重点领域支出力度，财政支出增长较快。全年一般公共预算收入同口径增长 5.8％，比 2014 年回落 2.8 个百分点；支出增长 13.2％，比 2014 年提高 5 个百分点。货币信贷平稳增长，年末，广义货币（M2）余额 139.23 万亿元，比 2014 年末增长 13.3％，狭义货币（M1）余额 40.10 万亿元，增长 15.2％，流通中货币（M0）余额 6.32 万亿元，增长 4.9％。12 月末，人民币贷款余额 93.95 万亿元，人民币存款余额 135.70 万亿元；全年新增人民币贷款 11.72 万亿元，比 2014 年多增 1.81 万亿元，新增人民币存款 14.97 万亿元，比 2014 年多增 1.94 万亿元。全年社会融资规模增量为 15.41 万亿元，比 2014 年减少 1.05 万亿元。

总的来看，2015 年度经济增速保持在合理区间，一些主要指标出现积极变化，稳中有进的态势没有改变。但同时，国际环境仍然相对复杂，国内经济增速换挡、结构调整阵痛、新旧动能转换衔接不畅的深层次矛盾相互交织且日益凸显，一些新的不稳定不确定因素还在不断显现，经济平稳运行的基础还不稳固，下行压力仍然较大。

2016 年，全国一般公共预算收入 159 552 亿元，比上年同口径增加 6 828 亿元，增长 4.5％；支出增长 6.7％，比 2015 年降低了 6.5 个百分点。年末广义货币供应量（M2）余额 155.0 万亿元，比上年末增长 11.3％；狭义货币供应量（M1）余额 48.7 万亿元，增长 21.4％；流通中货币（M0）余额 6.8 万亿元，增长 8.1％。2016 年末全部金融机构本外币各项存款余额 155.5 万亿元，比年初增加 15.7 万亿元，其中人民币各项存款余额 150.6 万亿元，增加 14.9 万亿元。全部金融机构本外币各项贷款余额 112.1 万亿元，增加 12.7 万亿元，其中人民币各项贷款余额 106.6 万亿元，增加 12.6 万亿元。全年社会融资规模增量 17.8 万亿元，比 2015 年多 2.4 万亿元。

四、　当前世界经济发展值得关注的几个问题

当前，世界经济仍处于危机后修复调整、筑底企稳阶段，内生动力欠缺，增长基础薄弱。发达国家有效需求不足，复苏步伐放慢；发展中国家结构调整艰难，下行压力加大。

1. 全球经济内生动力疲弱，面临长期停滞风险

国际金融危机爆发至今已近 8 年，全球经济复苏依然缓慢而脆弱，国际市场需求疲软、信心不振的局面没有明显改善。目前全球经济已陷入低需求、低增长、低就业之间的恶性循环，短期内难以摆脱这一困境。一是劳动力市场供过于求。据国际劳工组织报告显示，2015 年全球失业人数为 1.97 亿，较金融危机前的 2007 年增加了 2 700 万人。同时，由于就业质量不高，全球约有 15 亿人工作岗位不稳定，占全球就业人口的 46%。国际劳工组织预计全球范围内失业人数在未来两年将进一步增加，2017 年将超过 2 亿人。二是传统增长模式动力减弱，新的增长引擎尚不强劲，新旧动能平顺转换衔接面临较大挑战，经济驱动力出现"青黄不接"局面。三是全球经济结构性调整任务更加艰巨。发达国家虚拟经济过度发展、社会福利负担居高不下等痼疾难除，转型成本高、难度大。部分新兴经济体和发展中国家产业结构单一、财政金融状况脆弱、抗风险能力差，实现转型升级既需要自身大力推进结构性改革，还有赖于外部环境的改善。

2. 国际贸易环境严峻，增长动力严重不足

2008 年金融危机之前，全球贸易十多年一直以两倍于全球产出的增速扩张。自 2011 年以来，全球范围内的产业转移放缓、投资和贸易

不振、汇率震荡扭曲贸易成本等因素导致全球贸易增长大幅减速，增速大幅放缓，乃至连续数年低于全球经济增速。尤其值得关注的是，全球范围内贸易保护主义盛行，形式既包括直接限制贸易措施，也包括货币竞争性贬值和区域贸易集团对非成员的隐形歧视，这些都进一步对贸易复苏形成阻碍。世界银行报告称，全球贸易疲软、大宗商品价格低迷以及地缘政治局势紧张将成为 2016 年全球经济面临的主要风险。经济合作与发展组织分析认为，在过去 50 年里，只有 5 年全球贸易增长慢于全球经济增速，且随后都发生了经济衰退，由此推断，当前世界经济贸易环境不容乐观。

3. 宏观政策空间缩窄，金融风险有所提升

国际金融危机期间，各国扩张性的财政政策为应对危机发挥了积极作用，但也使各国政府积累了大量债务。随后世界经济持续低增长，又使得各国无力推进财政整固。近年来一些国家政府债务率不断攀升，削赤减债任务十分艰巨。据国际货币基金组织统计，2015 年，发达经济体政府负债率（政府债务总额占 GDP 的比重）高达 104.8%，较 2007 年提高 33.4 个百分点；新兴经济体和发展中国家政府负债率为 45.1%，较 2007 年提高 7.8 个百分点。当前，全球经济增长偏低、劳动生产率止步不前，迫切需要加大政策支持以促进经济增长，但财政政策空间已大为缩窄。目前主要国家货币政策仍偏宽松，美联储对进一步加息态度谨慎，未来加息时机和力度存在较大的不确定性；欧洲中央银行和日本中央银行都实行负利率政策，且量化宽松规模还在不断加大，政策环境史无前例的宽松。尽管发达国家的宽松政策对稳定金融市场信心起到了积极作用，一定程度上也有助于新兴经济体的结构调整，但在实体经济缺乏热点的情况下，大量资金涌入股市、房地产市场、商品市场，推高金融资产价格，埋下金融风险隐患。同时，宽松货币政策导致货币竞相贬值，不仅成为相关国家刺激出口的重要手段，加剧国际贸易困难，也可能在债务过高的经济体诱发偿债危机，进而加大国际金融市场的动荡。

第三节　国际大宗商品流通状况

2015 年，国际商品市场在经历短暂上扬后重陷跌势。2016 年一季度，石油、钢铁、有色金属等多种大宗商品价格快速回升。当前世界经济形势复杂多变，商品市场存在较大不确定性。预计 2016 年主要大宗商品仍面临去库存、去产能压力，价格可能出现反复。

一、 国际大宗商品市场价格概况

自 2014 年下半年开始，全球大宗商品市场进入下跌周期，商品价格逐月下跌。2015 年，世界经济和国际贸易增长放缓，产业投资活动低迷，大宗商品需求疲软，而主要品种供应量持续增长，国际大宗商品市场弱势格局进一步强化。至 2015 年 12 月，主要大宗商品价格指数已低于 2008～2009 年全球金融危机期间水平，至 11 年来低点。国际货币基金组织编制的初级产品价格指数比 2014 年同期大幅下跌 31%，其中，以石油为代表的能源类产品跌幅最大，达 39%；其次为金属类产品，下跌 29%；食品饮料类和工业用农产品分别下跌 15% 和 17%。其他大宗商品指数亦全面下跌，RJ/CRB 指数全年下跌 23%，标普—高盛商品指数（GSCI）下跌 33%，道琼斯商品期货指数（DJAIG）下跌 24%。2016 年大宗商品价格虽然有所缓和，但是基本上依然在低位徘徊。2016 年国际基金组织编制的初级农产品价格指数依然延续了 2015 年的跌势。

分时间段看，商品市场 2015 年上半年与下半年表现截然不同。上半年，美国经济数据表现良好、市场预期乐观，同时俄罗斯与西方对峙、伊朗核谈判进程前景不明、中东地区恐怖主义势力上升等地缘冲突事件频发，商品市场多次震荡上行，2015 年 1～6 月国际货币基金组织综合指数一度扭转 2014 年的持续下跌态势，回升 7%。然而由于世界经济复苏缓慢、国际市场需求疲软、商品产能过剩突出等基本面因素没有改变，大宗商品市场价格下跌的大势难有根本性改观。在经历上半年的温和走强后，三季度开始大宗商品价格再度普遍下跌，进入四季度，能源、金属、工业原材料、粮农产品等品种呈全面加速下跌之势，7～12月，国际货币基金组织综合指数下跌21%。

分品种看，2015年以原油为代表的能源产品呈"过山车"般走势，经历了从一枝独秀到领头下跌的逆转。2015年1～6月，原油价格大幅回升29.4%，带动国际货币基金组织能源类指数上涨17.8%，能源产品成为上半年唯一上涨的商品大类；其余商品中，食品饮料、金属、工业用农产品分别下跌5.6%、5.1%和4%。7～12月，油价重挫33.1%，拖累国际货币基金组织能源类指数大幅下跌29.3%，其他商品跌势继续扩大，食品饮料、金属、工业用农产品分别下跌8.8%、14.8%和7.3%。2015年全年，除棉花因主产国压缩种植面积、削减产量使得价格企稳上涨外，其余主要大宗商品品种价格全线下挫（见图1-1）。

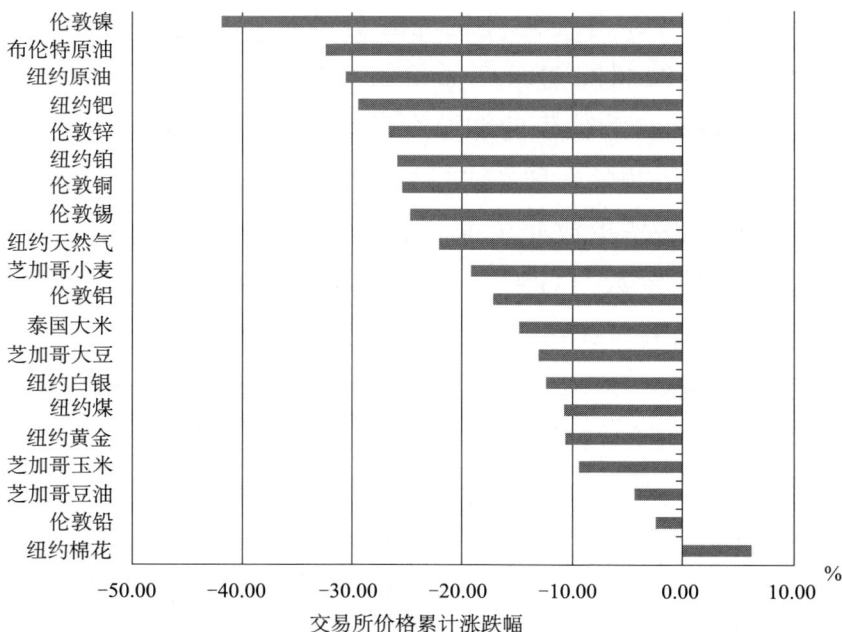

图1-1　2015年主要大宗商品期货价格普遍下跌

资料来源：国际货币基金组织．初级产品价格指数．2016，4.

2016 年以来，大宗商品市场走势一波三折。年初，大宗商品价格延续 2015 年下滑走势。自 1 月下旬起，在美元加息预期减弱、市场流动性充裕、部分商品进入补库存周期等因素共同作用下，大宗商品从低谷较快回升，呈现一波 V 形走势，黄金、原油、铁矿石等能源、金属类产品涨幅尤为明显。2～3 月，纽约期货市场原油价格一度比低谷反弹 58％；铁矿石中国口岸平均到岸价单日最大涨幅达 65％，创有记录以来最大单日涨幅；伦敦金属交易所铜价最大涨幅接近 20％。相比之下，粮、棉、油等大宗农产品供应过剩压力依然较大，虽在市场总体带动下出现跟随性上涨，但涨幅很小。3 月下旬后，市场一度又显现出上行动力不足的疲态，但 4 月中旬以来大宗商品价格有所恢复（见图 1-2）。

2016 年全年世界谷物产量为 25.71 亿吨，比 2015 年产量增加 1.5％（3 900 万吨）。从而实现了有记录以来的第三高产年。其中小麦产量现预期将增加到 7.467 亿吨，同比增长 1.7％，全球玉米收成减少 480 万吨，即减少 1.0％。2016/17 年全球谷物食用消费量预报为 11.06 亿吨，比 2015/16 年增长 1.3％，库存量与消费量之比仍稳定在 25％。

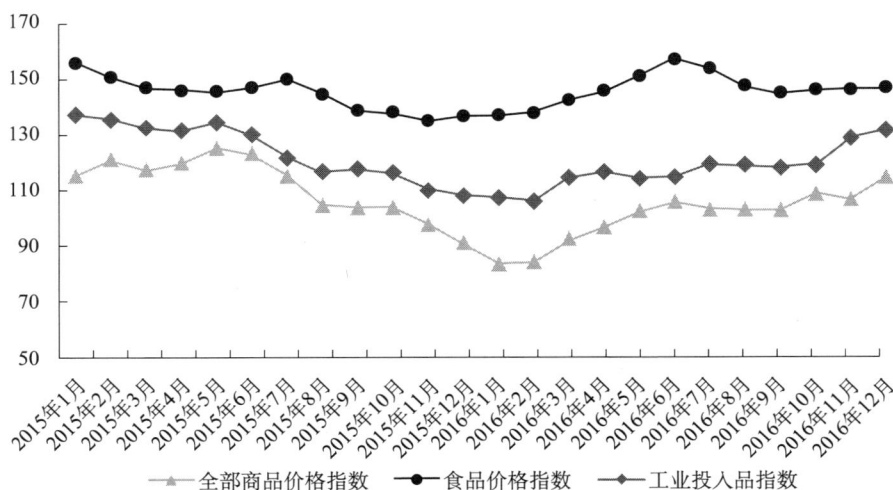

图 1-2　国际大宗商品市场低位震荡

资料来源：国际货币基金组织．初级产品价格指数．2017，4.

二、 国际大宗商品分类产品价格及走势

今年以来，大宗商品价格出现较为明显的反弹，动力主要来自周期性补库存需求和美元指数高位回落带来的资产再配置需求等短期性因素。目前世界经济复苏的基础尚不稳固，主要经济体均面临挑战，全球经济形势依然错综复杂，大宗商品实际需求回暖缺乏有力支撑。因此目前为止，大宗商品的价格上行更多是短期反弹，而非市场供需发生根本逆转，预计今后一段时期很可能出现新的调整（见表1-3）。回顾2016年全年，市场对突发事件高度敏感，因此，日后大宗商品价格宽幅震荡可能成为常态。相比较而言，原油、有色金属等金融属性较强的商品波动比率则更大，若全球经济保持稳定复苏，则其他大宗商品价格有望震荡上行。

表1-3   **国际商品市场价格走势**   （增长率，％）

大宗商品	1998~2007年	2008~2017年	2012年	2013年	2014年	2015年	2016年	2017年
制成品	1.5	0.1	0.5	−1.0	−0.7	−4.0	0.3	0.7
石油	14.0	−5.4	1.0	−0.9	−7.5	−47.2	22.0	7.9
非燃料初级产品	3.9	−1.5	−10.0	−1.4	−4.0	−17.5	18.2	−0.7
食品	2.1	0.4	−2.4	0.7	−4.1	−17.1	−3.2	−0.9
饮料	−0.6	1.7	−18.6	−11.9	20.7	−3.1	0.5	0.2
农业原材料	−0.6	−0.5	−12.7	1.8	1.9	−13.5	−4.6	0.4
金属	10.4	−5.3	−16.8	−4.3	−10.3	−23.1	12.3	7.6

注：1. 制成品：占发达国家货物出口83％的制成品的出口单位价值；石油：英国布伦特原油、迪拜原油及西得克萨斯原油的平均价格；非燃料初级产品：以2002~2004年在世界初级产品出口贸易中的比重为权数。

2. 2017年数据为预测数。

资料来源：国际货币基金组织. 世界经济展望. 2017，4.

1. 粮食和农产品

农产品需求相对稳定，自然条件和生产成本是决定农产品供给、造成市场短期波动的最大不确定因素。近年来，全球天气状况总体良好，连续多年粮食收成较好，库存水平居高不下。油价走低大大降低

了农业生产成本，也抑制了市场对生物燃料的需求。这些因素导致
2015 年农产品价格下跌较多（见图 1-3）。

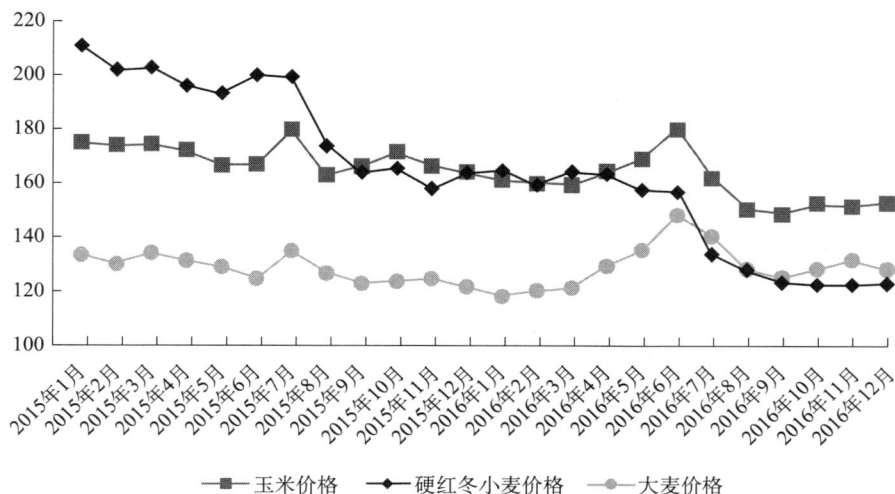

图 1-3　主要农产品价格持续下跌

资料来源：国际货币基金组织监测数据，2017 年 4 月。

展望 2016 年，尽管厄尔尼诺现象可能对部分地区农业生产产生不
利影响，但全球收成预期总体良好。全球库存水平维持高位、供应持
续宽松，粮食价格仍将面临较大下行压力。联合国粮农组织估计 2016
年世界谷物产量为 25.21 亿吨，为有记录以来的第三高产年，其中小
麦 7.13 亿吨，比 2015 年减少 2.8％；玉米和大米总产量将分别比
2015 年增长 1％以上，其中玉米产量将超过 10 亿吨。2016 年全球粮
食消费量有望温和上升，达 25.47 亿吨，期末库存将有所减少（见
图 1-4）。库存量与消费量之比也将从 25％下降到 23％，但仍远高于
2007/08 年度粮价飙升时期的 20.5％。

2. 石油

近年国际原油市场格局发生较大变化，欧佩克对国际原油供给的
控制力减弱，美国成为最大产油国和出口新生力量。地缘政治、大国
博弈加剧原油市场供需失衡局面，油价持续大幅下挫，拖累其他大宗
商品价格普遍下行（见图 1-5）。当前，全球石油需求增长依然低迷，

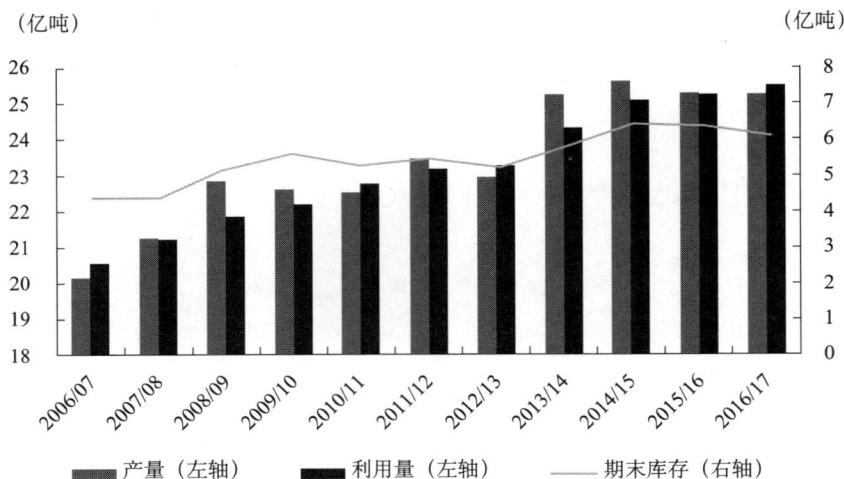

图1-4 粮食供应过剩局面有望缓解

资料来源：联合国粮农组织谷物供需简报。

国际能源署预计2016年石油日需求将增加120万桶，与经济繁荣时期相距甚远。在供应方面，油价长期低迷使得石油行业开始自发调整，如在放开石油出口禁令的背景下，美国活跃钻井平台数仍大幅减少，

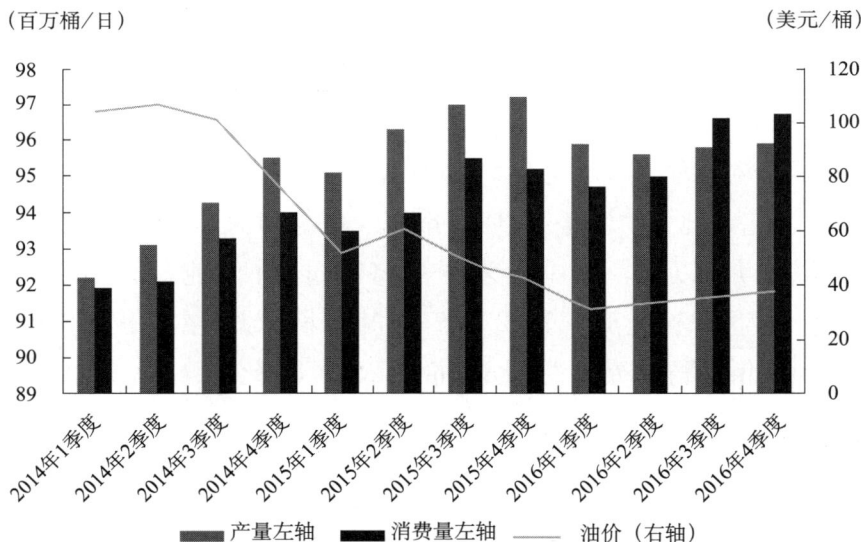

图1-5 世界石油市场供应过剩

资料来源：①产量与消费量数据来源：国际能源署．石油市场报告．2017，3．②价格数据来源：国际货币基金组织．大宗商品价格预测．2017，3．

据贝克休斯公司数据，截至 3 月底，美国石油钻井平台数已降至 362 台，比高峰时的 1 609 台减少了 72%。沙特、俄罗斯等原油出口国的财政状况和经济增长遭受沉重打击，政府控制产出、改善供应过剩局面的意愿增强，但由于缺少国际协调，各国仍把保份额、增收入当作优先目标，如 3 月俄罗斯原油日产量超过 1 091 万桶，创下苏联解体以来新高。4 月，在多哈召开的产油国冻产峰会未就限制原油供应达成任何协议。若产油国能够合作减产，即使不能对石油市场的供需平衡起到立竿见影的效果，也会大幅改善市场预期，推动价格企稳上涨。

3. 有色金属

2015 年，有色金属市场大幅震荡，伦敦金属交易所多个品种跌至危机后新低。2016 年一季度，尽管实际需求依然没有明显转强，但随着传统的生产旺季临近，特别是业界对中国"十三五"规划开局之年经济和固定资产投资增长期望较高，金属等能源原材料的需求预期转好，企业开始重建库存，加之汇率变化、流动性宽裕等货币和资金因素，交易活跃程度有所提升。同时，此前持续低价抑制矿业投资生产活动，部分对冲了需求减少对价格的影响。根据国际铜业研究组织 3 月发布的最新报告，预计 2016 年全球精炼铜市场供需将大体平衡，有少量供应缺口。据国际镍业研究组织数据，2015 年全球镍市场已连续第四年供应过剩，但过剩量已有所收窄，未来价格持续下跌空间有限（见图 1-6）。考虑到有色金属行业投资周期长、新增产能速度慢，下半年若经济转暖、需求转旺，可能又将迎来一波价格陡升。

4. 钢铁

2015 年，全球钢材市场需求低迷，各地区、各品种钢材价格均呈持续大幅下跌之势（见图 1-7）。据"我的钢铁网"编制的国际钢价指数显示，全年全球钢材价格平均下跌 27.1%，其中扁平材和长材分别下跌 25.4% 和 28.5%，北美、亚洲、欧洲分别下跌 34.3%、28.9% 和 19%。2016 年一季度，受美国经济增长总体稳定、中国房地产去库存导致需求预期改善、全球流动性再度泛滥等因素叠加影响，国际钢铁

（美元/吨）

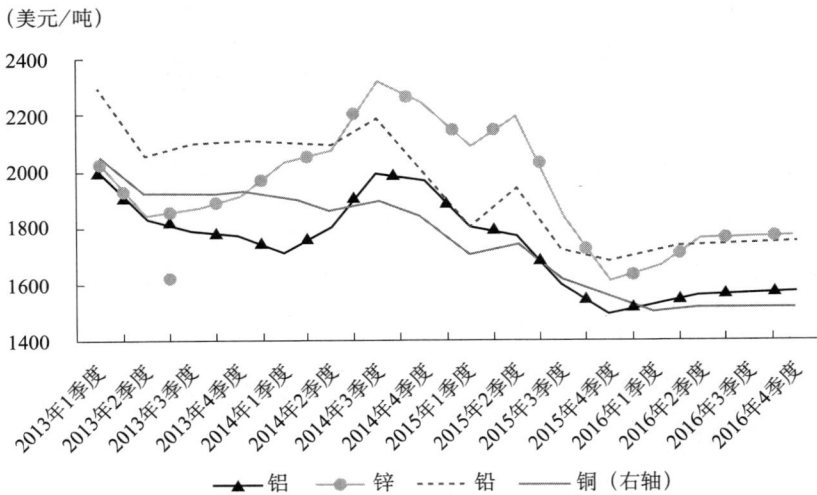

图 1-6　有色金属价格低位企稳

资料来源：国际货币基金组织．大宗商品价格预测．2017，3.

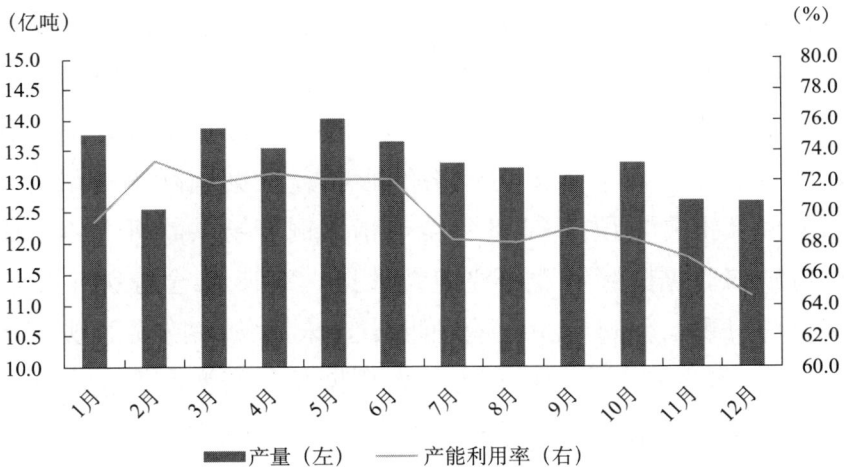

图 1-7　2015 年全球钢铁业压缩产量和产能

资料来源：世界钢铁协会，2016 年 3 月。

市场出现一波较大的反弹行情。但这种基于局部政策干预形成的预期和由投机资金主导的反弹缺乏坚实的支撑，上升走势恐难以持久。从当前宏观环境看，全球经济并没有明显改善，结构调整仍在进行，市场需求持续低迷，潜在风险依然突出，钢铁行业过剩的产能和高企的库存仍有待进一步消化。

近年来随着全球经济放缓，钢铁产能过剩问题突出，钢价持续下跌。在市场压力下，减产和收缩投资已成为钢厂的共同选择，据国际钢铁协会统计，2015 年全球钢铁企业的产能利用率呈逐月下降趋势，至年末已降至不足 65%。同时，内需不足导致出口激增，国际市场竞争白热化，引发贸易限制措施前所未有地增多。例如，美国先后对澳大利亚、巴西、中国、印度、日本、荷兰、俄罗斯、韩国、土耳其、英国等发起了钢材的反倾销或反补贴调查。中国是全球第一产钢大国，既面临削减产能的压力，也是国外贸易限制措施的主要目标，对中国钢铁产品开展贸易救济调查的不仅有欧盟、美国、加拿大、澳大利亚等发达国家，也有巴西、哥伦比亚、多米尼加等发展中国家，涉及板材、线材、管材等各种高中低端钢铁产品。产能过剩是全球钢铁行业共同面临的问题，需要协同应对，通过对话和磋商妥善解决国际市场竞争冲突，创造公平、公正、可预期的市场环境，保障货物贸易和产业合作顺利开展，促进全球钢铁业持续健康发展。

随着全球范围内钢铁生产收缩，钢铁主要原材料铁矿石市场也随之进入了一个增长放缓、价格走低、矿业公司利润率受到挤压的阶段。据澳大利亚发布的数据，2015 年全球铁矿石贸易量同比仅增长 1.8%，增速为 21 世纪以来最低。另据联合国贸发会议报告，2015 年世界粗钢产量估计为 17.63 亿吨，比 2014 年减少 2.9%，而铁矿石产量为 19.48 亿吨，下降了 6%。图 1-8 显示为铁矿石价格与钢材价格同步变化情况。在持续低价压力下，一些竞争力不足的矿山陆续停产，几大主要矿山也在调整投资和生产计划，全球铁矿石产能扩张的幅度在缩小，预计 2016 年新增产能将比 2015 年减少 1/3。然而，需求低迷的状况短期难有实质性好转，未来几年铁矿石市场都将存在实际或潜在的供应过剩，即使钢材市场回暖，也难以刺激铁矿石价格回升到之前的高水平。

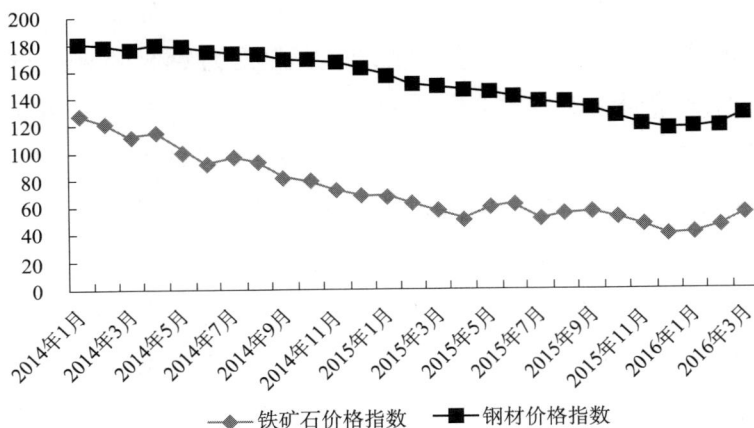

图 1-8　铁矿石价格与钢材价格同步变化

资料来源：①铁矿石价格指数数据：国际货币基金组织，中国进口，天津港到岸价．②钢铁价格指数数据：我的钢铁网．全球综合指数．

三、 国际大宗商品流通的主要影响因素

供需形势和流动性状况是主导大宗商品市场的两大主要因素。实体经济供需决定商品市场兴衰和价格基础，流动性因素影响市场交投冷暖和价格波动幅度。国际金融危机爆发至今已将近 8 年，世界经济复苏仍然进程坎坷、不如人意，主要经济体货币政策分化甚至背道而驰，使得商品市场的发展方向充满不确定性。

1. 世界经济疲弱拖累商品市场有效复苏

实体经济增长对原材料的消耗决定了大宗商品的基本需求。尽管商品市场金融化引发的投机需求使得商品价格波动频率加快、幅度加大，但决定商品价格基准水平和长期走势的依然是实际供需规模及平衡状况。当前，发达经济体增长缓慢、制造业疲软、需求不旺，新兴经济体发展不均衡，增速普遍低于过去二十年的水平，部分国家甚至陷入深度衰退。鉴于持续低增长可能带来的新风险，国际货币基金组织在最新发布的《世界经济展望》中再次下调对全球经济增长的预期。在 21 世纪第一个十年，新兴经济体为商品市场贡献了主要的需求增

量，是大宗商品价格上涨"超级周期"的重要推动力，当前中国经济换挡减速，巴西、俄罗斯等经济衰退，其他多数新兴经济体经济增长也明显放缓，虽然印度正在大力推进基础设施建设和工业化，可能会成为大宗商品需求的新增长点，但短期内不足以抵消其他新兴经济体需求收缩的影响。目前看来，近期大宗商品的价格上升缺乏持续有力的支撑，很可能出现反复。若要形成周期性反转，还有待全球经济更进一步的整体好转，带来稳定持久的新需求增量，推动大宗商品市场形成新的供需平衡。

2. 各经济体货币政策分化加剧商品市场动荡

历史数据表明，美元的强弱与大宗商品价格的涨跌呈明显的负相关关系（见图 1-9）。在世界经济步履蹒跚、商品需求本就低迷的背景下，大宗商品价格对美元走向格外敏感。美联储在 2015 年 12 月 16 日宣布十年来首度加息，美元指数升至阶段性高峰，使大宗商品市场再受重创。尽管美国经济相对向好、通胀水平趋升，但因担忧全球经济不稳定，美联储对再次加息的时间点举棋不定，扰乱商品市场预期。目前看来，美联储加息步伐放缓，与欧元区、日本等经济体进一步宽

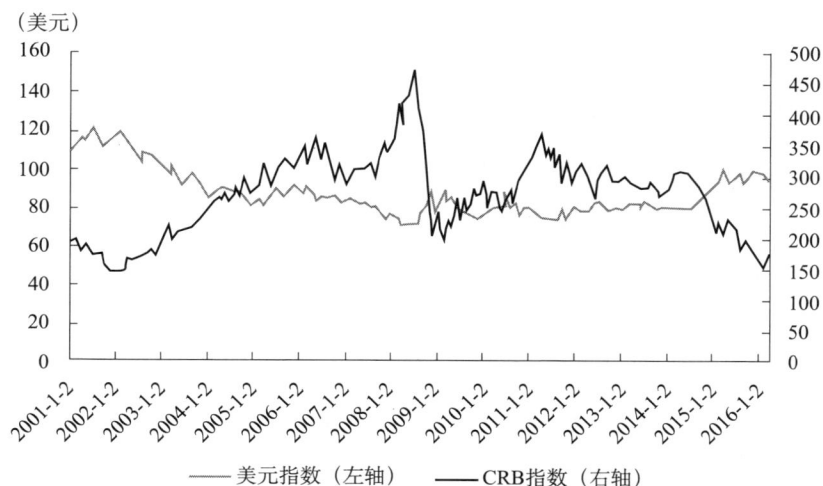

图 1-9　美元指数与商品价格指数呈反向走势

资料来源：国际货币基金组织．世界经济展望．2016，4．

松的政策形成呼应。加上全球经济尚未企稳、风险犹存，缺乏具有较好收益的投资品种，前期超跌的大宗商品因此重新受到追捧，特别是黄金、原油、有色金属等供给弹性小、需求弹性大的品种，金融属性再度增强。有数据显示，2016 年 1～2 月大宗商品市场共获得超过 200 亿美元的资金流入，为 2011 年以来同期最强表现，成为一季度商品价格上升行情背后的重要推动力。从全年来看，各主要经济体货币政策分化，欧元区、日本等经济体保持宽松，而美国仍然处于加息周期中，当前暂缓加息不过是将加息压力后移，商品市场存在反复震荡的可能。

3. 供应方的市场份额之争增添商品市场不确定性

经济危机以来世界经济低速增长，国际商品需求疲弱，能源资源行业普遍面临去库存压力。目前持续低价已对投资活动有所抑制，部分大宗商品供应过剩局面开始缓解。波罗的海综合运价指数（BDI）在连续创出历史新低后快速回升，从 2016 年 2 月初的低于 300 点迅速回升至 400 点以上，涨幅超过 45％，并保持相对稳定，从侧面反映出大宗商品交易有转暖迹象。但在缺乏国际协调的情况下，能源原材料价格的持续下挫很难推动主要供应方减产至市场平衡所需要的供应量，在供方博弈、争夺市场的拉锯战中，消化库存、削减产能的过程漫长而艰难。以原油市场为例，2 月，沙特、卡塔尔、委内瑞拉和俄罗斯四个产油国同意冻结产能，市场预期原油市场供应失衡的局面将出现松动，推动油价大幅回升。然而 3 月俄罗斯原油生产依然开足马力，日产量创下苏联解体以来新高。4 月 17 日，欧佩克（石油输出国组织）成员国和非欧佩克成员国参与的多哈石油冻产会议又无果而终，未就冻结石油产量和提振油价达成任何协议。在金属矿产品市场，镍出口大国印度尼西亚为了改善政府收入和矿企财务状况，正在讨论修改之前实施的原矿出口禁令；印度为提高铁矿石出口竞争力，已经或即将取消各品类铁矿石 5％～30％的出口关税。这些措施将对刚刚有所缓解的市场供应过剩局面再度构成压力。在需求仅有微弱回暖的情况下，只有供方大幅控制和削减产出，才能奠定商品价格中期反弹的基础。

第四节　国内外大宗商品流通行业热点问题

一、英国脱欧导致大宗商品价格疲软

2016 年 6 月 24 日，经过最终的统计，在 72.16％的投票率下，有 51.9％的英国民众支持脱欧，并导致最终公投的结果为英国脱离欧盟。自欧盟成立以来，英国与其一直保持着若即若离的关系。英国一方面需要借助欧盟国家团体的力量获得更大的国际影响力和经济利益；另一方面又希望较少受到欧盟统一制度的约束，承担较少的经济负担及人道义务。英国保守党一直保有疑欧的传统。2005 年，卡梅伦开始担任英国保守党党魁。2013 年 1 月，作为英国首相的卡梅伦提出将推动全民公投以决定英国是否继续留在欧盟。在 2016 年 2 月的欧盟峰会后不久，英国脱欧公投的日期被确定为 2016 年 6 月 23 日。英国与欧盟的经济联系十分紧密。作为欧盟中排名第二（2015 年数据）的经济体，英国每年 GDP 的贡献基本占到欧盟整体的 15％以上。英国的经常项目长期保持逆差（主要为贸易逆差），且其对 GDP 的占比呈逐渐扩大之势［图 1-10（a）］。而欧盟在整个英国的对外贸易中扮演着举足轻重的作用，对欧盟的出口占到英国全部出口接近一半的份额。自 2012 年以来，英国全部进口中来自欧盟的占比首次超过了出口欧盟对其全部出口的占比，并且由于英国最近十几年来进口一直超过出口，从而使英国对欧盟由一个净出口国逐渐变为净进口国［图 1-10（b）］。这实际上也说明，从对外贸易的角度来看，英国对欧盟的需要甚于欧盟对英国的需要。

1. 短期内市场情绪极度震荡，并酝酿了政治的不稳定因素

脱欧导致英镑兑美元汇率当天贬值 8％，回到自 1985 年年中以来的最低水平；而英镑兑美元 1 周期限平价期权的隐含波动率，则涨至布雷顿森林体系解体以来的罕见高位。具有避险属性的黄金和日元在当天随着脱欧结果的揭晓而一路上涨。避险情绪还传染到股票和债券

英国经常项目差额对GDP占比

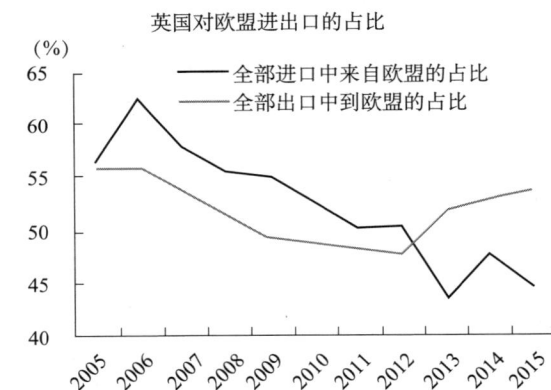

资料来源：Wind

(a)

英国对欧盟进出口的占比

全部进口中来自欧盟的占比
全部出口中到欧盟的占比

资料来源：Wind

(b)

图 1-10　英国与欧盟贸易发展情况

市场。2016 年 6 月 24 日、27 日，代表英国本土中小盘股的富时 250
指数（FTSE 250 Index）相较于 6 月 23 日的收盘价累计下跌超过
13.65％。分行业看，银行业和建筑业的股票下跌明显。投资者蜂拥买
入政府债券，致使英国 10 年国债收益率历史上首次跌破 1％。在公投
结束约 1 个月后，市场的避险情绪趋于缓和，除了英镑兑美元的即期
汇率较脱欧当日继续走低外，其他货币和市场的表现已较脱欧当日大
为恢复。在脱欧结果公布的当天，国际三大评级公司之一的穆迪虽保
持英国的主权信用评级为"Aa1"水平未变，但将评级展望从"稳定"

下调至"负面"。6 月 27 日，另一家评级公司惠誉宣布，将英国评级从"AA＋"调降至"AA"，并将评级展望改为"负面"。同日，三大评级公司中最后一家的标普，也宣布将英国主权信用评级由最高级"AAA"连降两级至"AA"，这也是标普首次将一个国家的主权信用评级从最高级一次性连降两级。在脱欧引起市场情绪巨震的同时，英国国内的政局也受到波及。公投结果揭晓后，累计有超过 4 百万人在英国政府网站上请愿，要求重新进行公投，但该请愿在 7 月 9 日被英国政府正式驳回。7 月 11 日，英国保守党宣布内政大臣特雷莎·梅当选为保守党新任党魁；7 月 13 日，时任英国首相的卡梅伦宣布辞职，特雷莎·梅成为英国新任首相。这意味着首相梅将承担起领导英国与欧盟进行脱欧谈判的艰难重任。

2. 大宗商品行情剧烈波动，影响大宗商品震荡上升

英国公投决定脱离欧盟后，引发全球金融市场动荡，其中黄金价格大幅上涨，原油、工业金属价格全面下跌。标普高盛商品指数（S&P GSCI）在英国公投结果出来的当日暴跌 3％，石油价格随后也大幅下跌近 7％。在 2016 年 2 月开始，大宗商品价格已经开始逐步上涨，截至 6 月，金属品上涨近 30％，石油上涨 35％，市场情绪高涨，并看好后市商品市场走势。然而，英国脱欧事件的发生，让市场再次回归冷静，市场对于大宗商品后市走势从积极乐观开始回调，在 2016 年下半年，市场价格再次回归地点，这种趋势有可能保持较长时间。

二、　巴黎恐怖袭击事件导致大宗商品价格震荡

这种传导率先在商品市场蔓延。2015 年 11 月 13 日巴黎恐怖袭击发生后，商品市场出现动荡。16 日的交易中，国际油价及金价均走高，而贵金属价格显著走低。截至北京时间 16 日 18 时 45 分，纽约近月原油及黄金期货价格均上扬超过 1％。LME 三个月期铜、期铝及期锌都下滑超过 1％。

大宗商品方面，传导到国内市场，16 日贵金属板块期货纷纷上

涨，其中，沪金主力合约 1 606 上涨 1.71% 至 228.75 元/克，沪银期货主力合约上涨 0.89% 至 3 278 元/克。其他板块，钢铁、有色、化工等则陷入阴霾，主力合约均有不同程度的下跌，其中沥青期货主力 1 512 收盘下跌 6.04% 至 2 178 元/吨，位居跌幅榜首位，而橡胶期货主力 1 601 则收盘于 10 520 元/吨，跌幅为 2.86%，位居跌幅榜第三位。

三、 嘉能可债务危机

大宗商品贸易及生产商巨头——嘉能可斯特拉塔公司（GLEN. L/00805. HK，下称"嘉能可"）股价一度暴跌，全面引爆债务违约危机。监管机构、银行也开始对大宗商品贸易商的风险敞口进行审查。

一位大行贸易部高管对财新记者透露，8 月中旬，中国国家外汇管理局确实进行了窗口指导，要求银行对境内购汇量较大的客户进行限制，这导致部分套利商们的业务一夜之间停掉。"监管控制结售汇交易、打击跨境套利所带来的空方压力，对嘉能可这类现货多头是灾难性的。"某高管说。

美银美林报告指出，对于以嘉能可为首的大宗商品贸易商而言，虽然不会立即出现流动性危机，但银行会重新审视贸易融资贷款业务，对这些企业的授信政策也会从紧。据财新记者了解，今年中国商业银行的贸易融资业务也大幅萎缩。以四大行为例，以往每家大行的贸易融资业务均有万亿元规模，截至 2015 年 10 月，已经缩水了近 1/3。

世界上主要铜矿的股权结构如下：

（1）Escondida：埃斯康迪达铜矿位于智利的阿塔卡马沙漠，是全球产量最大的铜矿，必和必拓拥有该铜矿 57.5% 的股份，其余股份分别为力拓公司和杰科株式会社分享。

（2）Chuquicamata：丘基卡马塔铜矿属于国有的智利铜业公司（Codelco）拥有和经营。

（3）Grasberg 是印尼最大的铜矿，目前的股权结构是美国自由港公司占有 90％的股权，印尼铜业公司占约 10％的股份。

（4）Collahuasi：斯特拉塔（Xstrata）拥有 Collahuasi 44％的股权；英美集团同样拥有该矿山 44％的股权，日本三井公司拥有 12％的股权。

（5）洛斯佩拉姆布雷斯（LosPelambres）：该铜矿属于 Antofagasta 公司（智利著名的铜矿公司）。

（6）Antamina：秘鲁最大铜锌矿，铜产量占秘鲁总产量约 30％。必和必拓和嘉能可‐斯特拉塔（GlencoreXstrata）在该矿各持有 33.75％股份，TeckResources 持有 22.5％的股份，三菱商事持有 10％。

（7）特尼恩特（ElTeniente）：位于智利首都圣地亚哥以南约 90 公里的兰卡瓜市。它是智利国营铜业公司（Codelco）的第二大铜矿。

（8）Udokanskoe：位于东西伯利亚东部赤塔州，是俄罗斯最大的铜矿，目前运营商为 Baikal Mining Company。

（9）Morenci 属于美国自由港公司的铜矿，主要是湿法炼铜。

（10）Los Bronccs 属于全球矿商英美资源集团。

第二章

浙江省大宗商品流通业状况

第一节　大宗商品流通企业发展概况

一、 浙江省工业企业发展概况

2015 年，浙江省全年地区生产总值为 42 886 亿元，比上年增长 8％。其中，第一产业增加值 1 833 亿元，第二产业增加值 19 707 亿元，第三产业增加值 21 347 亿元，分别增长 1.5％、5.4％ 和 11.3％，第三产业对 GDP 的增长贡献率为 65.7％。第一产业增加值相对平稳，第二产业增加值略微下调，第三产业增加值稳步上涨，三次产业增加值结构由上年的 4.4：47.7：47.9 调整为 4.3：45.9：49.8，三产比重提高 1.9 个百分点。信息经济和现代服务业等核心产业的引领支撑作用进一步显现。全年信息经济核心产业增加值 3 310 亿元，增长 15.1％，占 GDP 的 7.7％，比重比上年提高 0.6 个百分点。

2015 年，全年地区规模以上企业合计 41 167 家，其中大型企业 593 家，中型企业 4 199 家，小型企业 34 449 家，微型企业 1 926 家（见表 2-1）。规模以上企业中，大型企业和中型企业数量有所下降，小型企业和微型企业数量则呈现逐年上升趋势。在小型企业和微型企业不断发展的情况下，大型企业和中型企业数量下调成为当前浙江企业发展的"瓶颈"所在。

表 2-1 　　　　　　　　　　浙江省规模以上企业数量 　　　　　　　（单位：家）

企业类型	2011 年	2012 年	2013 年	2014 年	2015 年
大型企业	621	592	601	598	593
中型企业	5 021	4 648	4 612	4 421	4 199
小型企业	27 936	29 892	32 685	34 020	34 449
微型企业	762	1 364	1 663	1 802	1 926

资料来源：浙江省统计年鉴。

从企业属性来看，浙江省经济发展中，私营企业和外商投资企业经济效益相对较高，产品创新速度快（见表 2-2）。私营企业每百元固定资产原值实现利税为 26.56，较上年的 27.95 有所下降，下降幅度为 4.97%，产品销售量为 95.79，较上年的 96.32 下降 0.55%，新产品产值率为 30.56%，相比 2014 年 26.60% 上涨 3.96 个百分点。其次是港澳台投资和外商投资，其新产品产值率分别为 36.26% 和 33.65%。国有企业和集体企业产品创新则相对不足，国有企业新产品产值率仅为 0.94%，而集体企业新产品产值率为 2.88%。从产品销售率来看，国有企业产品销售率在规模以上企业中销售最好，销售率达到 99.58%，集体企业销售率为 98.68%。从产品出口交货情况来看，外商投资企业和港澳台投资企业部分产品是出口交货品，外商投资企业出口交货品占工业销售的 31.08%，港澳台投资企业出口交出品占工业销售的 23.89%。

表 2-2 　　　　　　　　浙江省规模以上企业效益状况（2015 年）

企业类型	每百元固定资产原值实现利税（元）	每百元主营业务收入实现利税（元）	产品销售率（%）	出口交货值占工业销售（%）	新产品产值率（%）
国有	9.44	9.47	99.58	0.25	0.94
集体	19.79	11.30	98.68	0.77	2.88
私营	26.56	8.48	95.79	18.41	30.56
港澳台投资	25.50	10.78	95.27	23.89	36.26
外商投资	21.34	10.59	96.91	31.08	33.65

资料来源：浙江省统计年鉴。

从企业所处行业来看，电气机械和器材制造业、纺织业、化学原料和化学制品制造业是浙江企业比重最大的三个产业，分别占据规模以上企业工业产值比重的 9.43％、9.02％和 8.08％。其中，电气机械和器材制造业较上一年度的 8.98％提升了 0.45 个百分点，纺织业基本保持不变，而化学原料和化学制品制造业则下降了 0.7 个百分点。其次是通用设备制造业、汽车制造业和计算机、通信和其他电子设备制造业以及橡胶和塑料制品业，分别占据规模以上企业比重的 6.42％、5.51％、4.33％、4.24％。从行业分布变化情况来看，企业制造业和计算机、通信和其他电子设备制造业占比呈现上升趋势，其中汽车制造业占比涨幅到达 1.02 个百分点，计算机、通信和其他电子设备制造业占比涨幅为 0.29 个百分点。预计 2016 年电气机械和器材制造业、汽车制造业和计算机、通信和其他电子设备制造业将会继续保持增长态势，为拉动浙江经济增长做出卓越贡献。

表 2-3　　　　浙江省规模以上企业分行业工业产值（2015 年）　　（单位：亿元）

行业	工业总产值		
	2013 年	2014 年	2015 年
总计	62 980.3	67 039.8	66 819.0
按工业行业分			
汽车制造业	2 323.4	2 964.0	3 681.8
计算机、通信和其他电子设备制造业	2 522.3	2 705.3	2 896.4
电气机械和器材制造业	5 696.6	6 018.5	6 302.9
通用设备制造业	4 215.8	4 533.9	4 289.7
纺织业	5 855.9	6 037.5	6 026.5
化学原料和化学制品制造业	5 635.3	5 887.1	5 398.3

资料来源：浙江省统计年鉴。

从工业原料使用状况来看，2015 年原煤使用量为 124.87 百万吨，洗精煤使用量为 4.06 百万吨，焦炭使用量为 4.28 百万吨。较上一年度使用量有所下降，其中焦炭使用量下降了 37.47 万吨，降幅为 8.06％。原煤使用量下降 345.33 万吨，降幅为 2.69％。预计随着经济的转型升级和清洁能源使用量的增加，原煤和焦炭的使用量会进一步降，预计 2016 年原煤使用量将会下降至 1.2 亿吨以下，焦炭使用量将会下降至 400 万吨以下。工业燃气供应主要以高炉煤气和天然气为主，其中高炉煤气使用量达到 150 万立方米，天然气使用量达到 55.88 万立方米。相较于 2014 年，高炉煤气使用量下降 16.36 万立方米，下降幅度为 10.87%。天然气使用量下降 0.8 万立方米，下降幅度为 1.43%。预计随着进口天然气进一步增加，天然气的使用量还将会维持现有水平。工业用油主要是原油、燃料油和石油的初级制品，其中原油使用量为 2 846.92 万吨，燃料油使用量为 152.14 万吨，其他石油制品为 329.30 万吨（见表 2-4）。

表 2-4　　　　浙江省规模以上企业能源使用情况（2015 年）　　（单位：吨）

能源种类	2013 年	2014 年	2015 年
原煤	133 019 493	128 320 671	124 867 330
洗精煤	4 239 797	4 002 673	4 062 781
焦炭	4 461 771	4 650 675	4 275 918
高炉煤气	1 537 456	1 663 625	1 500 048
天然气	462 255	566 821	558 766
原油	28 536 541	27 318 684	28 469 234
燃料油	1 777 883	1 940 092	1 531 373
其他石油制品	4 023 641	3 735 932	3 292 995
热力	334 374 212	337 602 740	367 373 356
电力	18 275 419	18 798 944	19 344 114
其他燃料	230 805	206 369	254 449

资料来源：浙江省统计年鉴。

二、　浙江省大宗商品流通企业概况

据多方调查和统计结果，并结合本中心对于大宗商品流通企业的认定，浙江 2015 年大型大宗商品流通企业 25 家，中型大宗商品流通企业 322 家，小型企业约为 2 500 家，微型企业 1 000 家（见表 2-5）。

相比于 2014 年，有一定程度的回落。主要的原因可能是由于国际大宗商品价格在 2014 年呈现大幅下调的走势，企业为了保证自身利益，被动或者主动缩减了大宗商品方向的投资规模。但是总体来说，浙江大宗商品企业均保持一定程度的上涨，每年增幅约为 10%，随着浙江经济集约化的转型，大型企业数量逐步增加，企业结构也会更加合理。

表 2-5 　　　　　　浙江省规模以上大宗商品流通企业数量 　　　（单位：家）

企业类型	2011 年	2012 年	2013 年	2014 年	2015 年
大型企业	20	24	24	26	25
中型企业	267	288	306	318	322
小型企业	2 000	2 200	2 400	2 600	2 500
微型企业	—	800	1 000	1 050	1 000

资料来源：根据调研数据整理。

根据调查和统计结果将大宗商品流通企业分为大宗商品生产加工行业、大宗商品物流行业、大宗商品信息服务行业以及大宗商品交易行业。其中 2015 年生产加工企业工业产值约为 1 910 亿元，物流行业产值约为 3 000 亿元，其中单独大宗商品类的物流企业由于统计难度较大，所以尚未进行统计，根据以往的经验估计和专家意见咨询，认为大宗商品物流占据物流总量的 15% 左右（见表 2-6）。从变化情况看来，由于国际大宗商品价格下降，大宗商品加工企业的工业产值在近三年也呈现下降趋势。物流产业总体出现一定程度的上涨，但是根据专家经验判断，物流是伴随生产加工企业变化了，物流产值的增加可能更多是其他商品的运输量增加导致。信息服务行业近两年呈现较快发展的趋势，2015 年产值同比增长 90%，随着经济发展和全球大宗商品中心逐步向亚洲发展，信息服务行业可能会呈现持续上涨趋势。大宗商品交易行业在近两年的商品价格下跌中冲击也较大，在我们的调研中，很多小型商贸企业在近两年向其他领域转型，或者是开展多元化经营。

表 2-6 　　　　　 **浙江省规模以上大宗商品流通企业分行业工业产值**

行业	工业总产值（亿元）		
	2013 年	2014 年	2015 年
总计	5 816	5 818	5 859
按工业行业分			
大宗商品生产加工行业	2 200	2 200	1 910
大宗商品物流行业	2 600	2 700	3 000
大宗商品信息服务行业	16	18	34
大宗商品交易行业	1 300	1 400	1 130

资料来源：根据调研数据整理。

分地区情况来看，2015 年杭州和宁波的大宗商品企业工业产值较多（见表 2-7），在浙江大宗商品的行业发展中所占份额较大，分别占据总份额的 24.86％和 22.19％，此外较多的是台州、绍兴等。分行业来看，大宗商品加工型企业多数集中在沿海地带，如宁波、嘉兴和台州等地区，这些地区拥有海港的天然优势，生产加工业基础也较为发达。而各个地区也均有企业布局，但是从整体的分布来看，大宗商品加工企业整体较为分散，由于大宗商品加工企业需要购入原料，同时销售成品，集约化和规模化有利于其更快更好地发展，因此总体布局仍有一定的不足。物流行业主要以海洋运输为主，陆地运输为辅，从地域上看，宁波、舟山、绍兴物流行业工业产值较高，而丽水、衢州等地市物流产值则相对较低。大宗商品信息服务行业主要是提供大宗商品资讯的信息公司、提供大宗商品交易的现货平台以及大宗商品投标撮合交易平台等。从调研的公司分布来看，杭州地区拥有现货交易平台公司 2 家，宁波地区现货交易平台公司 2 家，舟山交易平台公司 1 家，嘉兴交易平台公司 1 家。咨询公司杭州 6 家，宁波 3 家，金华 3 家。从信息服务公司的分布分析，由于信息服务需要建立在交易较为密集的地区或者是信息技术较为发达的地区，因此杭州、宁波等地区中心城市成为信息服务公司的主要聚集地，但是也有在工业集聚区形成较为特色的信息服务类公司，例如嘉兴市海宁皮革交易中心、湖州桑蚕丝交易中心等。交易类公司由于大部分规模相对较小，所以较为难统计，根据专家意见和调研情况，认为交易类公司的 HHI 指数应该在 500 左右。因此根据大型企业状况，估算了浙江省交易类公司的整体情况。浙江省大宗商品交易类分为内贸企业和外贸企业，其中以外贸企业为主，主要进口化工能源和金属矿产品。行业集中度方面来看，大宗商品行业集中度中信息服务类企业集中度较高，其次是大宗商品物流业，最后是加工类企业和交易类企业。

表 2-7　　　　　　　　浙江省规模以上大宗商品流通
企业分地区工业产值（2015 年）　　（单位：亿元）

地区	按工业行业分				总计
	生产加工行业	物流行业估算值	信息服务行业	交易行业	
杭州	300	210	16	350	876
宁波	500	72	10	200	782
绍兴	300	42	1	80	423
嘉兴	200	12	1	70	283
湖州	80	22.5	2	50	154.5
金华	140	21	3	110	274
衢州	60	10.5	0	30	100.5
台州	220	19.5	0	100	339.5
丽水	60	6	0	20	86
舟山	50	34.5	1	120	205.5
总计	1 910	450	34	1 130	3 524

资料来源：根据调研数据整理。

三、　浙江省大宗商品交易企业概况

1. 浙江辖区大宗商品交易市场概况

浙江大宗商品期货交易市场情况：浙江虽然没有大宗商品期货交易场所，但辖区内开立有 11 家期货公司。据最新数据统计，按照其客户权益（客户保证金余额）总额排名如表 2-8 所示。

表 2-8   浙江省期货公司统计

名称	保证金余额（亿元）	排名
永安期货股份有限公司	147.83	1
南华期货股份有限公司	56.65	2
浙商期货有限公司	54.43	3
国海良时期货有限公司	18.91	4
中大期货有限公司	17.69	5
宝城期货有限责任公司	17.44	6
大地期货有限公司	16.94	7
信达期货有限公司	15.96	8
浙江新世纪期货有限公司	7.80	9
大越期货有限公司	7.58	10
盛达期货有限公司	2.51	11

资料来源：中国交易所行业研究报告 2015。

浙江大宗商品现货交易市场情况：截至 2015 年 8 月，浙江省合规大宗商品交易场所 17 家，客户开户总数 1 027 562 个、保证金余额 346 212.32 万元、成交额 677 592 192.10 万元、交割量金额 62 412 362.12 万元，其中新华浙江大宗商品交易中心名列第一（见表 2-9）。

表 2-9   浙江省期货交易中心交易概况

名称	保证金余额（万元）	客户开户数	成交额（万元）	交割量（万元）	持有仓单余额（万元）	名次
新华浙江大宗商品交易中心	254 335.68	238 943	290 752 209.60	41 997.37	5 296.82	1
宁波大宗商品交易所	19 670.03	15 476	57 265 195.00	562 934.17	60 708.48	2
华东林业产权交易所	15 178.90	4 581	36 422 233.60	1 077.50	118 917.90	3
兰溪汇丰贵金属交易所	14 699.00	69 972	80 308 509.00	10 258.00	358.00	4

名称	保证金余额（万元）	客户开户数	成交额（万元）	交割量（万元）	持有仓单余额（万元）	名次
宁波都普特商品电子交易中心	8 652.00	5 705	993.84	191.00	11 102.00	5
浙江舟山大宗商品交易所	8 231.60	25 032	173 053 682.88	1 031 103.06	11 464.05	6
杭州叁点零易货交易所	7 351.48	4 980	7 064 677.28	1 694.52	208.16	7
浙江汇联联合商品交易市场	6 156.00	24 289	16 727 544.30	3 820.20	604.00	8
浙江塑料城网上交易市场	4 276.00	2 307	5 886 671.00	27 297.00	42 550.00	9
温州不锈钢电子交易中心	3 539.03	253	4 137 123.50	643.00	1 382.70	10
中国蚕丝绸交易市场		207	1 489 088.19	79 908.54	32 498.99	11
嘉兴中国亚麻网上交易市场		29	0	0	0	12
永康市五金城电子商务公司		632 618	4 470 598.00	4 470 598.00		13
宁波航运交易所		0	0	0	0	14
钱清中国轻纺原料城网上市场		500	0	0	0	15

续表

名称	保证金余额（亿元）	客户开户数	成交额（万元）	交割量（万元）	持有仓单余额（万元）	名次
绍兴黄酒原酒电子交易公司		2 384	5 603.78	1 651.70	72 862.70	16
浙东大宗商品交易中心		286	8 062.15	8 062.15	0	17

资料来源：中国交易所行业研究报告 2015。

截至 2014 年底，全省已登记商品交易实体市场总数同比增长 9.2%；全省网上市场成交总额同比增长 31%，成为推动浙江经济发展的重要力量。

据初步统计，除浙江外，全国范围内已有 5 000 多家由浙商创办的专业市场，约有 300 多万浙商活跃在商贸流通领域，其中专业市场中的商户占多数。省外浙商市场的销售商品约 70% 来自浙江，每年带动浙货销售数千亿元，对拉动浙江产品、推动我省制造业的提升发挥着重要作用。

2. 浙江省大宗商品交易行业发展规划

2014 年浙江省全省证券经营机构代理交易额为 20.8 万亿元，位居全国第四；期货经营机构代理交易额为 62.1 万亿元，位居全国前列；大宗商品现货交易市场交易额 2.7 万亿元，高居全国同业榜首，交易额均占全国总量的 10% 以上。2014 年末，全省有各类地方交易场所 67 家，当年交易额达 29 723 亿元。步入 2015 年，浙江省金融要素市场建设步伐加快，区域性交易市场体系不断健全，搭建了涵盖股权、产权、金融资产、大宗商品等各类品种的交易平台体系，满足企业挂牌、股份流转、债券融资、金融资产转让等多方面需求。

四、 浙江省大宗商品物流行业概况

1. 浙江省大宗商品物流基础设施建设状况

2014 年全省拥有道路货运车辆 48.15 万辆、283.60 万吨位，占全国的 3.4％和 2.8％，比上年末分别增长 1.9％和 5.1％。其中大型车辆 14.81 万辆，占车辆总数的 30.76％，普通货车 39.14 万辆、151.35 万吨位，分别增长 0.8％和 4.9％；专用货车 2.29 万辆、28.86 万吨位，分别增长 6.5％和 3.9％。2014 年货运周转量 11.7 亿吨，货运周转量 1 419.4 亿吨公里，分别比上年增长 4％和 16％。与 2008 年相比，在车辆总数基本稳定的情况下，大型车辆比例上升了 15.24％，总吨位从 2008 年的 147.47 万吨，提高到 2014 年的 283.60 万吨，增加了 92.31％，大大降低了单位运输成本，减少了单位周转量的温室气体排放。

目前浙江省省级重点物流园区 10 个、市级重点物流园区 42 个，省级龙头企业 13 家、市级龙头企业 117 家；到 2015 年，甩挂运输试点项目共 32 个，全省甩挂运输试点作业场站 32 个、甩挂运输车辆 2 600 余辆，部级甩挂运输试点项目甩挂比 1∶1.83，开通试点线路 26 条，覆盖浙、沪、皖、赣四个省份。与传统运输相比，甩挂运输可降低成本 15％～20％，减少油耗 15％～20％，提高运输能力 25％以上；资源整合项目 19 个；农村物流配送项目 12 个。

2. 浙江省推进大物流建设成效

一是交通大物流建设服务于区域经济发展，取得了良好的经济社会效益。全省交通大物流建设在集聚各种要素、促进产业发展、推动经济发展方面起到一定成效。在物流信息化方面，通过国家交通运输物流公共信息平台的推广应用，解决了跨企业、跨区域、跨行业的物流信息互联互通难题，平台已在全国部署 9 个交换节点、连接各类物流企业 14.8 万户，数据交换量达到 4 亿条、日交换量稳定在 80 万条，降低了信息化成本、提高了物流效率。在物流园区建设方面，物流行业投资不断加大，物流园区（站场）总投资已超过 300 亿元，有统计的 108 个园区（站场）年营收总额超过 70 亿元、年税收约 2 亿元。在综合服务方面，园区入驻的各类物流企业总数达到 6 830 家。有 17 个物流园区、中心为全省块状经济区的发展服务、10 亿元以上的 160 余家专业市场周边有 19 个物流园区（中心）与之配套。交通大物流建设有力支持了周边区域经济和产业发展，支持了物流业的集聚，对经济社会发展带来的利好影响。

二是优化了区域运输组织，提升了装备水平。交通大物流建设的发展，进一步优化交通了运输组织、调节优化城市功能，提升了交通发展整体水平。在优化交通组织方面，2013 年全省道路货物运输量达到 11.64 亿吨，纳入普查的物流园区（货运站场）所承担的货运吞吐量达到 2.4 亿吨，占总运量的 20%。调节城市功能方面，进出全省物流园区、站场的车辆数日均超过 5 万辆次，有效缓解了城市交通压力。综合运输方面，全省重点扶持的 52 个物流园区当中，规划有多式联运功能的有 15 个。在提高装备技术水平方面，五年来，重型车、厢式车比率分别由 9.6%、11.5%提高到 18.2%和 25.5%，海运船舶平均吨位由 2 526 载重吨提高到 5 305 载重吨，内河船舶平均吨位由 142 载重吨提高到 209 载重吨，牵引车、挂车比率达到 1∶1.2。在提升运输结构方面，以宁波港为龙头的港口及"无水港"体系不断完善，提高了运输入通关效率，先进运输方式得到有效推广，甩挂运输和海铁联运示范项目全面启动，部分甩挂运输试点线路的双重运输比重达到 70%；内河集装箱运输从无到有，今年达到 15 万标箱。

三是促进了行业转型，提升了行业发展质量。全省的交通物流站场已开始转型发展，形成了几种典型商业或运营模式，如川山甲物流的"供应链"管理模式，传化物流基地的"网络化"模式，嘉兴现代物流园的"地产式"模式，柯桥等园区的"物业式"模式，义乌等依托专业市场及内外贸易的"国际陆港"模式，依托宁波港的"无水港"模式，以及绍兴、嘉兴等地以综合运输为特点的"内河港"模式，温州双屿物流的城市配送模式等。在目前运营的物流园区站场中，有 16 个具备海关监管功能、9 个具有保税功能。园区站场的信息化水平得到了一定的提升，有 46.3%的站场投入了信息化软件，23％的站场采用了智能卡口。行业运输企业转型发展，2012 年全省 A 级以上物流企业达到 340 余家，全国排名位居前列。大量的物流企业从传统管理向依靠信息技术管理转变，从以低价竞争向以服务质量竞争转变，从市场过度竞争向企业协作化、联盟化转变，尤其是资源整合方面涌现出了杭州传化、玉环陆通、嘉兴宇石、宁波"四方"等典型，今年又出现了若干以跨区域合作为特点的多家物流企业网络联盟。

3. 浙江省物流企业状况

据浙江省采购与物流联合会统计数据，浙江省共有 A 级物流企业 731 家，其中杭州 77 家，宁波 153 家，嘉兴 141 家，温州 68 家，绍兴 35 家，金华 96 家，衢州 67 家，丽水 10 家，舟山 8 家，湖州 76 家。

目前，浙江省物流企业分为三类。第一类是工业企业物流公司。该类企业一般规模较大，该类企业背靠集团公司，主要为集团的子公司产品提供运输服务。这类企业一共有 120 家，其中杭州有 32 家，宁波有 28 家，嘉兴 16 家，湖州 14 家，舟山 1 家，丽水 1 家，金华 1 家，衢州 11 家，绍兴 7 家，温州 9 家；此类物流企业杭州市最多，其次是宁波和嘉兴等市。第二类是国内运输的物流公司，运送范围均局限于区域内部，或者与外部的分公司进行合作进行联运，运输方式主要有铁路、公路和内河运输等。该类企业共有 510 家，其中杭州 40 家，宁波 103 家，嘉兴 122 家，湖州 55 家，舟山 2 家，丽水 9 家，金华 47 家，衢州 55 家，绍兴 20 家，温州 57 家；该类型企业宁波数量最多，但杭州市规模最大。第三类是对外贸易物流公司，主要从事海洋运输、跨国贸易等，该类企业相对较少，但公司规模往往相对较大。目前，浙江省共有远洋或国际货运代理公司 101 家，其中杭州 5 家，宁波 22 家，嘉兴 3 家，湖州 7 家，舟山 5 家，丽水 0 家，金华 48 家，衢州 1 家，绍兴 8 家，温州 2 家。

浙江省 A 级物流企业分布情况见表 2-10。

表 2-10　　　　　浙江省 A 级物流企业分布情况　　　　（单位：家）

地区	工业企业集团下属物流企业	内贸物流公司	外贸物流公司	总计
杭州	32	40	5	77
宁波	28	103	22	153
嘉兴	16	122	3	141
湖州	14	55	7	76
舟山	1	2	5	8
丽水	1	9	0	10
金华	1	47	48	96
衢州	11	55	1	67
绍兴	7	20	8	35
温州	9	57	2	68
合计	120	510	101	731

数据来源：浙江省物流与采购联合会。

第二节　浙江大宗商品交易市场空间格局特征

大宗商品交易市场是借助网络与电子商务搭建而成，集服务大宗商品交易、市场信息资讯、融资担保和仓储物流服务为一体的综合性市场，主要是为从事大宗商品生产、贸易和消费的企业提供公开、透明的交易平台，帮助交易商融资融货、降低贸易成本、增加贸易机会和加快资金流转。我国是铁矿石、石油、铜等大宗原材料的需求大国，每年进出口额数量较大，但是我国在国际大宗商品交易中没有相应的话语权，导致了我国大宗商品交易市场面临无法控制生产成本的风险。然而，目前关于大宗商品交易市场的研究处于起步阶段，其成果主要集中在交易市场的发展历程、交易模式、市场特征及风险分析、电子交易市场的本质及建设、电子交易平台的风险控制等方面。已有研究多侧重于定性分析，采用定量分析的成果并不多见，而运用空间分析方法研究大宗商品交易市场的分布特征及区位选择的研究更是鲜见。

随着"一带一路"国家战略在国内不断升温，为我国大宗商品交易市场不仅带来了新的发展机遇，更是带来了来自国际市场的挑战。浙江省处于中国海岸线的黄金中点位置，作为我国沿海经济带与长江经济带的交汇点，同时拥有成为亚太地区航运枢纽的独特区位优势，具有建设大宗商品交易平台的天然优势。自2011年浙江省海洋经济示范区建设上升为国家战略以来，由于国家政策的倾斜，浙江省正全力打造国家级大宗商品储运、交易中心，促使其大宗商品贸易得到了快速发展。但是大宗商品交易市场空间分布结构的不合理现象易造成彼此之间的激烈竞争，阻碍了交易市场的健康发展。鉴于此，本研究以浙江省为研究区域，地级市为研究单元，运用最邻近指数、地理集中指数、不平衡指数等空间分析方法，拟分析浙江省主要大宗商品交易市场的空间分布特征，试图探究影响大宗商品交易市场区位选择的可能性指标因素并进行回归分析，以期优化大宗商品交易市场的空间结构，为浙江省大宗商品交易市场的持续健康发展提供决策建议。

一、 研究区概况

浙江省处于中国海岸线的黄金中点位置，位居长三角南翼的经济中心，作为我国沿海经济带与长江经济带的交汇点，同时拥有成为亚太地区航运枢纽的独特区位优势。浙江省拥有11个地级市，浙江省以优越的地理优势与现货市场为基础，截止到2014年底，主要拥有七大交易区，成立各类商品交易市场近5 000家，大宗商品交易市场的分布格局呈现出以宁波和舟山为两大交易中心，嘉兴、台州和温州等为一批储运配送基地的特点。随着经济发展，大宗商品交易市场的数量呈逐年上升趋势，辐射范围也逐步扩大，逐步发展成为我国重要的大宗商品贸易和物流中心，在国内大宗商品交易市场中占据重要地位。这为探讨浙江省大宗商品交易市场集聚特征及规律提供了研究可能性。

本研究所涉及的各大宗商品交易市场是通过浙江省政府网站和中国大宗商品交易服务网的公告整理得到，截至2014年12月，综合整理浙江省政府公告与中国大宗商品交易服务网得到62家大宗商品交易市场的名称及其所属城市，以及影响浙江省大宗商品交易市场发展的影响因素。本书中所用相关数据、指标通过浙江省政府网站、中国大宗商品交易服务网、《浙江省统计年鉴（2014）》、浙江省各个地级市2013～2014统计年鉴、统计信息网以及各地政府网站搜集获取。

二、 浙江省大宗商品交易市场空间分布特征

为了清晰地反映浙江省大宗商品交易市场的空间分布特征，研究根据浙江省大宗商品交易市场的详细数据，运用 ArcGIS10.1 和 Excel 对数据进行处理，分析浙江省大宗商品交易市场空间分布状况，以及利用洛伦茨曲线分析浙江省大宗商品交易市场数量的分布特点。

1. 空间分布特征

浙江省共有 11 个地级市，每个地级市都拥有不同数量的大宗商品交易市场。大宗商品交易市场的数量在浙江省不同城市间的分布有所不同，反映出浙江省各城市大宗商品交易市场发展的不均衡性。在浙江省 11 个地级市中，大宗商品交易市场数量超过 10 的地区有 2 个，分别是杭州和嘉兴。大宗商品交易市场数量在 5～10 个之间的有金华、宁波和绍兴。台州、衢州和舟山地区的大宗商品交易市场数量均在 2～4 之间，丽水和湖州地区的大宗商品交易市场发展相对较慢，都只有 1 个大宗商品交易市场。

2. 空间分布类型

大宗商品交易市场属于点状要素，其分布类型有均匀、随机和集聚三种分布类型。为研究浙江省大宗商品交易市场的分布类型，研究采用最邻近指数对其进行判别。利用 GIS 技术平台进行计算，得到浙江省大宗商品交易市场的实际最邻近距离和理论最邻近距离之比 R＝0.76＜1，因此，可推断出浙江省大宗商品交易市场的分布类型为集聚型，与上文中研究其数量空间分布的不均衡性特点的结论相吻合。

3. 空间分布均衡性

由于地理条件、历史文化和经济发展水平的差异，目前浙江省大

宗商品交易市场的发展水平存在明显的空间发展不平衡，各区域所拥有的大宗商品交易市场的数量有明显区别。

（1）大宗商品交易市场分布的集中度分析。地理集中指数是分析大宗商品交易市场集中程度的重要指标。浙江省大宗商品交易市场总数 $T=62$，市区总数 $n=11$，其对应的大宗商品交易市场的个数见表2-11。

表 2-11　　　　　　　浙江省大宗商品交易市场分布统计

市	杭州	嘉兴	湖州	宁波	绍兴	舟山	温州	台州	丽水	金华	衢州
数量（个）	18	11	1	8	9	3	3	1	1	5	2

根据地理集中指数的计算公式可得，浙江省大宗商品交易市场的地理集中指数 $G=40.8040$。假设62个大宗商品交易市场平均分布在浙江省境内各个地级市，即每个地级市的大宗商品交易市场数目为 $62/11≈5.6400$ 家的情况下，地理集中指数 $G=30.1700$，40.8040 大于 30.1700，表明从市域尺度来看，大宗商品交易市场的分布相对集中。从表2-11可以看出，大宗商品交易市场主要集中在杭州、宁波、嘉兴和绍兴地区，其他地区的较少。

（2）大宗商品交易市场分布均衡度分析。根据浙江省地理文化状况，参考马远军的研究观点将浙江省分为浙北、浙东、浙南和浙西四大地理区域，其中，浙北包括杭州、嘉兴和湖州；浙东包括宁波、绍兴和舟山；浙南包括温州、台州和丽水；浙西包括金华和衢州。统计表明，浙东北地区大宗商品交易市场明显高于浙西南地区。大宗商品交易市场在浙江省四大地理区域中的具体统计量见表2-12。

表 2-12　　　　　　　浙江省各区域大宗商品交易市场统计

区域	总数（个）	比重（％）	累计（％）
浙北	30	48.3900	48.3900
浙东	20	32.2600	80.6500
浙西	7	11.2900	91.9400
浙南	5	8.0600	1.0000

不平衡指数主要是反映浙江省大宗商品交易市场在浙北、浙东、浙南和浙西这四个地理区域内分布的均衡程度，通过计算得到浙江省大宗商品交易市场在各区域分布的不平衡指数 S＝0.473，表明大宗商品交易市场在浙江省的分布明显不均衡。根据做出的大宗商品交易市场在浙江省各市分布的洛伦兹曲线（见图 2-1），可以发现，浙江省的大宗商品交易市场主要分布在杭州、嘉兴、绍兴和宁波 4 个市，其大宗商品交易市场的数量超过了全省的 70％。

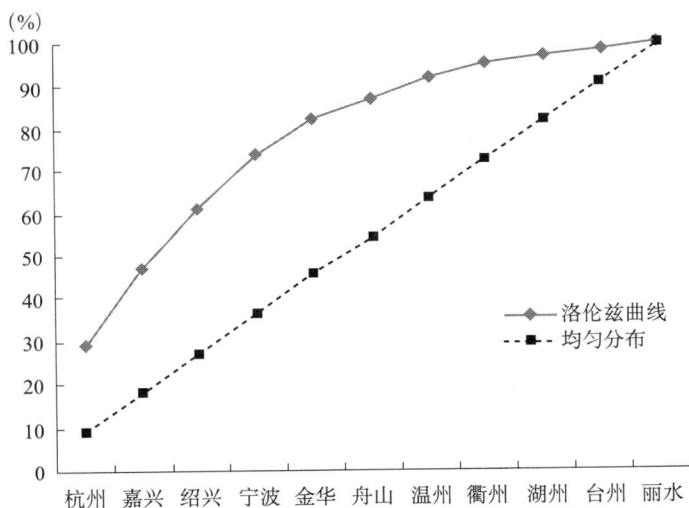

图 2-1　浙江省大宗商品交易市场分布空间洛伦兹曲线

资料来源：根据调研数据整理。

可以看出，浙江省大宗商品交易市场数量的分布呈现以下特点：

第一，浙北地区拥有数量最多的大宗商品交易市场，占总数的 48.39％，浙北地区北临上海，东南为杭州湾，南面与钱塘江相邻，浙江省会杭州也在浙北区，该地区拥有发展大宗商品交易市场的技术和资源基础，且其便捷的交通和发达的经济促进了大宗商品交易市场的快速发展。

第二，浙东地区大宗商品交易市场的数量仅次于浙北，占总数的 32.26％，浙东地区位居长三角南翼，拥有世界大港宁波—舟山港，是我国最大的矿石、原油、液体化工产品的中转基地，也是华东地区煤炭、粮食等大宗商品主要的中转和储运基地，同时浙东地区北面是钱塘江，丰富的水资源加上特殊的地理优势，为浙东地区大宗商品交易市场的发展提供了良好的条件。

第三，浙西地区大宗商品交易市场的数量占总数的11.29％，浙西地区以盆地为主，虽然拥有丰富的矿产资源，是我国重要的矿产基地，但是由于当地经济发展水平以及区位通达性的限制，该地区大宗商品交易市场的发展与浙北和浙东地区有一定的差距，同时义乌小商品市场的发展也为大宗商品交易市场的发展起推动作用。

第四，浙南地区大宗商品交易市场的数量最少，占总数的8.06％，相对于浙江的其他区域，浙南地区以山地为主，其区域重点发展的是旅游业，所以该地区的大宗商品发展相对缓慢。

三、 浙江省大宗商品交易市场区位选择因素分析

1. 区位因素选择

随着现代技术的高速发展，生产组织方式发生剧烈变化，影响大宗商品交易市场区位选择的因素日益多元化。首先大宗商品交易市场从大宗商品批发市场发展起来，所以影响大宗商品批发市场的因素对大宗商品交易市场同样会产生影响。杨丹萍和杨秀秀在浙江省大宗商品交易市场发展研究中指出，国民生产总值、港口、对外贸易、物流、仓储等因素对浙江省大宗商品交易市场分布都有一定程度的影响，此外，由于部分大宗商品交易需要在网上进行，受信息化水平的限制。因此在探讨浙江省大宗商品交易市场分布的区位选择时，需要进行多方面的考虑。

大宗商品交易市场的分布格局一般基于当地的经济发展状况、交通状况以及地方政府的支持力度等方面的因素确定最优的区位。研究结合区位理论、区域经济等相关理论的研究，主要从区位因素（通达性）、经济因素（地方经济、对外贸易、城市等）、政策因素（基础设施、政策支持等）这三个方面并结合数据的可获得性选取所研究模型

的解释变量（见表 2-13）。

表 2-13　　　　　　　　　　**解释变量指标选取及说明**

要素	解释变量	定义或解释	预期
区位因素	PORT	是否有港口	＋
经济因素	地区 GDP	地区生产总值	＋
	INFOR	信息化水平	＋
	LOGIS	物流业产值	＋
	TRADE	进出口贸易总额	＋
	CITY	是否为一线城市	＋
政策因素	POLICY	是否有地方政府支持	＋
	WAREH	大宗商品计划仓储用地	＋
	COLLEGE	人才引进（选取在校大学生人数为衡量指标）	＋

　　浙江省发展大宗商品交易主要是依靠港口完成进出口贸易，所以大宗商品交易市场所在市是否有港口对大宗商品交易市场的发展具有重要影响。用 PORT 表示大宗商品交易市场是否为港口所在市，如有则赋值为 1，否则赋值为 0，期望其回归系数为正。浙江省大宗商品交易市场的区位影响变量主要用所在市是否有港口进行测量。

　　经济因素与大宗商品交易市场的发展关系密切，大宗商品交易市场的发展需要当地经济的支持和驱动。因此，研究选择区域地区生产总值、信息化水平、物流业产值、进出口贸易总额等经济变量检验其对浙江省各个地级市大宗商品交易市场分布的影响，期望回归系数为正。此外，引入地级市是否达到国家一线城市作为城市地位的衡量指标，当大宗商品交易市场所在的地级市为一线城市时，会为该地的大宗商品的发展带来间接的好处。因此，达到一线城市的赋值为 1，否则为 0，期望回归系数为正。

　　结合浙江省大宗商品交易市场的发展状况，研究从三个方面考虑政府政策因素对大宗商品交易市场发展的影响。第一，大宗商品仓储用地情况。大宗商品交易市场的发展需要充足的仓储用地，以便于货物的存放，把 11 个地级市的仓储用地面积分为 5 个等级，一级仓储用地面积最多，赋值为1，二级仓储用地面积次之，赋值为2，以此类推，五级仓储用地面积最少，赋值为5。第二，大宗商品所在市域的人才引进情况，以在校大学生人数为衡量指标，在校大学生人数在一定程度上反映了当地的人力资本，是政府对大宗商品交易市场发展的知识与人才溢出的间接政策性支持。与大宗商品仓储用地一样，把各市大学生人数分5个等级，一级人数最多，赋值为1，五级人数最少，赋值为5。第三，地方政府是否有专门的文件公告或者法律法规推动地区大宗商品交易市场的发展，若有赋值为1，否则为0，期望回归系数为正。

2. 影响因素回归分析

本研究选取2014年浙江省11个地级市大宗商品交易市场数量为被解释变量，以地级市为研究单元，选取表3各因素的解释变量，有效样本的数量为62。在假设影响大宗商品交易市场分布的因素符合泊松分布的前提条件下，文章首先利用STATA软件对选取的影响大宗商品交易市场的各解释变量间的Deviance和Pearson $\gamma2$ 相关系数进行计算分析，结果表明地区生产总值、信息化水平、物流业产值、在校大学生人数和城市等级之间存在较强的相关性。为消除解释变量间的多重相关性，需要采用负二项回归模型对大宗商品交易市场的影响因素进行分析。研究设定置信水平90%，将上述相关性较强的5个变量单独进行回归验证，得到浙江省大宗商品交易市场的负二项回归模型的结果（表2-14所示），表中 α 系数均显著大于零，证明研究采用负二项回归模型估计的合理性。就负二项回归模型估计结果具体分析如下：

表 2-14   大宗商品交易市场的回归模型估计结果

变量	GDP 模型 1	INFOR 模型 2	LOGIS 模型 3	COLLEGE 模型 4	CITY 模型 5
地区 GDP	0.187 9***				
INFOR		−0.058 2			
LOGIS			0.115 9***		
COLLEGE				0.179 3	
CITY					0.308 5

变量	GDP 模型1	INFOR 模型2	LOGIS 模型3	COLLEGE 模型4	CITY 模型5
TRADE	1.067 1***	1.229 6***	1.372 4***	1.035 5**	1.035 7**
WAREH	0.132 3*	0.107 2*	0.126 3*	0.134 4*	0.121 8*
PORT	0.568 5***	0.451 0***	0.407 3***	0.477 2***	0.669 8***
POLICY	0.871 2**	0.876 8**	0.880 5**	0.836 3**	0.957 4**
—cons	0.158 5	0.248 5	0.324 8	0.287 6	0.258 76
alpha	0.510 7	0.453 0	0.520 6	0.490 4	0.510 5
LL	−201.693 0	−201.761 0	−202.765 7	−202.742 0	−200.748 0
LR	19.71	19.57	19.56	19.61	19.60

注：＊表示10％的显著性水平，＊＊表示5％的显著性水平，＊＊＊表示1％的显著性水平。

从浙江省大宗商品交易市场的回归结果可以看出，区位因素对浙江省大宗商品交易市场的分布都具有显著作用，市内是否存在港口的回归系数为正，值为0.568 5，通过了显著性检验，与期望相符，这说明浙江省大宗商品交易的完成对港口依赖性较强，当市域内有港口运输条件时，更有利于浙江省大宗商品交易市场的发展。

经济因素中，除信息化水平和城市等级外，其他经济因素对浙江省大宗商品交易市场的影响通过了显著性检验，且回归系数为正，与期望相符，这说明浙江省大宗商品交易市场的分布与该地区的信息化水平和城市等级的相关性较小，可能是因为大宗商品交易市场发展对信息技术要求不高，一般市域均可达到要求，同时城市地位较高的市域，其土地成本、交易成本等各项成本相应较高，所以浙江省大宗商品交易市场的区位选择一般不考虑该地区的信息化水平和城市地位，其主要考虑的经济因素是地区生产总值、物流业发展水平和进出口贸易总额。

政策因素中的地方政府支持和大宗商品计划仓储用地对浙江省各市域发展大宗商品交易市场具有显著影响，与预期结果相同，回归系数为正，这表明浙江省大宗商品交易市场通过优惠政策，以及为大宗商品交易市场提供仓储用地等方式，为交易市场的发展提供良好的服务和经营环境，对浙江省大宗商品交易市场的发展具有明显地促进作用。而市域内在校大学生人数的回归系数没有通过显著性检验，可能是由于浙江省大宗商品交易市场的分布与人力资本没有太大影响。

四、 小结

研究选取浙江省大宗商品交易市场为研究对象，采取最邻近指数、地理集中度指数、不平衡指数和负二项回归模型等方法对浙江省大宗商品交易市场的空间分布特征及其区位选择的影响因素进行深入分析和探讨，研究发现：

（1）浙江省大宗商品交易市场空间分布呈现不均衡性和明显的聚集现象，主要分布在浙东北地区的杭州、嘉兴、宁波和绍兴四个城市，浙东北一带已成为辐射浙江省大宗商品交易市场的集聚中心。

（2）浙江省大宗商品交易市场分布的区位选择受到区位因素、经济因素和政策因素等多种因素影响。利用负二项回归模型分析发现，影响浙江省大宗商品交易市场分布的主要区位因素是市内是否有港口，经济因素是地区生产总值、物流业发展水平和进出口贸易总额，政策因素是地方政府支持力度和大宗商品计划仓储用地。

（3）对于大宗商品交易市场空间分布不合理的问题，过于集聚分布势必造成无序竞争，需完善市场化机制，指导大宗商品市场区位选择趋向分散和均衡分布，有效整合和优化全省大宗商品交易市场的空间分布结构，形成专业化服务区，促进全省大宗商品贸易的可持续健康发展。

第三章

大宗商品流通行业景气指数构建理论与方法

第一节　景气指数相关理论研究

一、　国外的景气指数研究工作

景气的研究方法是国外首先开始研究和应用的。经济景气分析方法的起源可以追溯到 19 世纪末期。1888 年，在巴黎统计学大会上，就出现了以不同色彩评价经济状态的论文，但早期的类似研究只作为一种新颖的经济状态描述方法，普遍缺乏定量测度，真正有组织的大规模系统研究实际上是 20 世纪初开始的。

1903 年，英国政府内出现了"国家波动图"，用来描述宏观经济波动。但经济学界公认的"经济晴雨计"模式是从美国开始的。1905 年，美国巴布森统计公司在其刊物上发表了关于美国宏观经济状态的第一个经济活动指数，这是这家公司的投资者和企业家进行商情变动观察与分析工作的一部分。

1911 年，专门从事经济监察的美国布鲁克迈尔经济研究所，也编制了涉及股票市场、一般商品市场和货币等的景气指数。但对后来影响较大的还要数"哈佛指数"。

"哈佛指数"是由经验丰富的哈佛大学教授珀恩斯领导下的研究小组于 20 世纪初编制的。1917 年，哈佛大学设立了"经济调查委员会"，广泛搜集美国的历史数据，在新方法基础上，从 1919 年起在《经济统计评价》杂志上定期发布"美国一般商情指数"，即哈佛指数。

哈佛指数选择了 17 项经济指标，共分为三组：A 组主要是与股票市场有关的指标，其平均值构成的曲线称为投机曲线；B 组主要是与商品市场有关的指标，其曲线称为商情曲线；C 组主要是与金融市场有关的指标，其曲线称为货币曲线。通过这三条曲线的变化来判断景气变化并预测其转折点。"哈佛指数"曲线曾成功地提前数月预测出 1919 年的经济繁荣和 1920 年的急骤下降，并在 1920 年的危机期间，准确地预测出 1922 年 4 月的经济复苏。但是运用"哈佛指数"对 1929 年从美国华尔街金融市场股票暴跌开始的经济大危机的预测就完全失败了。"哈佛指数"因此就结束了它的历史使命。

20 世纪 30 年代中期，经济预测预警系统再度兴起，到 50 年代不断改进、发展并开始进入实际运用时期。1937 年，美国经济研究所在米契尔和珀恩斯的领导下，详细研究了近 500 项经济指标，利用时差变动关系，选择了 21 项指标构成超前指数。此外，他们还系统详尽地研究了一系列涉及景气监测方法的问题，如循环波动的分离，趋势调整，平滑技术等，并指出经济波动是在宏观经济部门间逐步扩散的过程。

自 60 年代起，景气监测系统方法逐步走向成熟，其中主要原因之一是这项工作从民间机构研究走向官方实际运用。1961 年，美国商务部正式在其刊物《经济循环发展》上逐月发表以数据和图表两种形式提供宏观景气动向的信号。研究机构与政府机关进行合作使景气监测研究向前迅速发展。

自 70 年代末期，景气预警系统本身已日趋成熟，但在信息识别和基础理论研究方面仍在不断发展着。这一方法虽在争论中被认为是"无理论的方法"，但由于在宏观经济波动方面，特别是在短期波动分析研究中具有不可取代的地位，因而在全球范围内广泛应用。

1979 年，美国全国经济研究局与哥伦比亚大学国际经济循环研究中心合作，建立了美国、加拿大、法国、英国、德国、意大利、日本七国为基础的"国际经济指标系统"。此外，一些国际性组织和地区性组织也开展景气预警的研究分析工作。例如，经合组织就组织了景气预警系统的研究，并对合成指数中振幅平均化等方面提出了改进措施。日本也组织了南亚和东亚部分国家开展景气预警系统研究项目。到80年代中期，印度尼西亚、马来西亚、菲律宾、泰国、韩国、印度、新加坡等国家和地区，都将景气预警纳入其宏观经济管理政策的决策支持系统中。

实践证明，景气预警方法和计量经济学方法是预测经济周期波动的两种有效方法，最初它们被认为是相互对立的，后来认为是相互补充的。前者是政府部门利用统计数据的测算，向公众发布经济前景的指导性信息，后者是通过按经济理论建立的结构性模型的互联关系推测出经济发展的可能值或区间值。目前，人们越来越注重两种方法的结合应用。

二、 国内景气指数及其相关应用

景气分析在中国的传播和发展是从20世纪80年代开始的。1988年，国家信息中心申请了有关中国景气分析的国家社科基金课题，开始组织人力投入宏观经济景气分析的研究开发，并于1988年10月首次发表了我国经济预警信号系统。在对全国宏观水平研究经验的基础上，1991年初在国家经济信息系统试点推广。2000年以后，国内许多研究机构，如吉林大学经济管理学院，中国经济体制改革研究所、国家统计局统计科学研究所、国家信息中心，以及一些地区和部门的研究机构，开始对这个问题进行全面、系统的研究，并取得一批可喜的成果。下面我们选取这些研究机构研制的具有代表性和影响较大的四个景气指数进行介绍。

1. 中国经济景气动向指数

该指数又称"中经"指数，由国家信息中心编制，因此也称景气动向指数。目前，该指数包括"中经"扩散指数和"中经"合成指数两个系列，每个系列分别由先行、一致和滞后三类指数组成。

扩散指数反映不同时点上升与下降指标的比例，如果低于，则表示构成指数的经济指标中有半数以上的出现下降反之，则表示经济活动上升。当曲线从上往下穿越线时，表示经济运行已经越过景气的峰，开始进入收缩阶段反之，曲线从下向上穿越线时，则表示经济景气由谷开始回升。

合成指数用来反映景气变动的方向和幅度，对经济景气局面进行判断。常配合扩散指数应用，对经济进行合理的分析。"中经"指数的先行指标为钢产量、水泥产量、化肥产量、有色金属产量、国家银行企业存款、国家银行短期贷款余额，出口商品总值。一致指标为工业总产值、社会消费品零售总额、银行工资性现金支出、预算内工业销售收入、狭义货币、基建投资额。滞后指标为财政预算支出全国商品零售物价指标、海关进出口总额、国家银行商业贷款。

2. 中国房地产开发业景气指数

该指数简称"国房景气指数"，是反映全国房地产产业发展景气状况的综合指数。由国家统计局 1997 年研制建立，并于该年年底正式对外公布。它是根据经济周期波动理论和景气指数原理，采用合成指数的计算方法，从房地产业发展必须同时具备土地、资金和市场需要三个基本条件出发，选择 8 个具有代表性的统计指标进行分类指标测算，然后，对 8 个分类指数进行加权平均得到总体指数，以此为基础，再以 1995 年 3 月为基期对比计算出用百分制表示的指数体系。8 个分类指数分别是土地出让收入分类指数、本年完成开发土地面积分类指数、房地产开发投资分类指数、本年资金来源分类指数、商品房销售价格分类指数、新开工面积分类指数、房屋竣工面积分类指数、空置面积分类指数。

3. 企业景气指数

由于景气指数在经济运行中具有指示作用的功能，不但宏观经济领域出现了景气指数，而且微观经济单位正在逐渐建立和形成景气指数。国家统计局企业调查队系统于 1998 年开始建立企业景气调查制度。企业景气调查又称为经济周期调查，它是以企业和企业家为调查对象，通过对部分企业和企业家实行定期的问卷调查，对宏观经济形势和企业生产经营状况做出判断和预期，据以编制企业景气指数，进而反映、预测经济发展变动趋势的一种统计调查方法。其主要内容包括企业概况、宏观经济景气状况判断、企业生产经营状况判断和企业生产经营问题判断等。我国企业景气调查的进行及观测是在全国大、中、小型各类企业中，采用抽样调查的方法进行的。调查领域包括工业、建筑业、交通运输业、仓储和邮电通信业、批发和零售贸易业、餐饮业、房地产业和社会服务业等。景气调查的频度有月度也有季度，但一般为季度，即每季度进行一次，每年四次，属定期调查。从调查的结果和实效性来看，这一调查基本符合我国宏观经济运行和企业生产经营的现状和未来发展变化的趋势，因而得到了各级党政领导的高度重视和充分肯定，并将其结果作为自己判断经济形势、预期未来发展变化的主要依据，在宏观经济决策中发挥了重要作用。景气调查方法既能对现状进行判断，也能对将来进行预测；既能对整个宏观经济景气动向进行判断，也能对经济活动的某个方面或某个行业进行判断。由于景气调查方法是通过微观经济活动来把握宏观经济的动向，所以它既可以为政府进行宏观调控提供一个很好的依据，又有利于企业正确把握市场、金融、物价及投资等方面的动向。

4. 中国中小企业景气指数

由浙江工业大学中国中小企业研究院编制。中国中小企业景气指数是将工业中小企业景气指数、中小板及创业板景气指数和中小企业比较景气指数进行综合，最后获得综合性的中小企业景气指数。该指数编制流程包括评价对象确定、指标体系构建、数据收集及预处理、景气指数计算与结果讨论等步骤。其中，评价对象为我国各省、直辖市和自治区统计年鉴中界定为规模以上的工业中小企业以及中小板与创业板上市企业。在计算工业中小企业景气指数时采用专业化数据收集方法收集了各省、直辖市和自治区统计年鉴的有关资料数据，在计算中小板与创业板上市企业指数和中小企业比较景气指数时采用非专业化数据收集方法，分别收集了深圳证券交易所有关上市公司的财务数据及国家统计局等有关企业景气监测调查的资料数据。同时，运用层次分析法首先确定工业中小企业景气指数、中小板及创业板景气指数和中小企业比较景气指数的权重分别为 3∶1∶1，然后计算不同阶段的中小企业景气指数，最后进行适当调整最终得出不同年份的中小企业景气指数。

第二节　大宗商品流通行业景气指数评价方法

浙江省大宗商品流通考察的是在大宗商品生产源到大宗商品作为产品原材料进入企业中间所经历过的过程。流通企业主要是大宗商品生产加工行业、大宗商品物流企业、大宗商品信息服务企业以及大宗商品交易企业。由于大宗商品流通企业经营的大宗商品价格不单单受国内经济形势变化的影响，通常还会因国际经济形势、国际商品供需以及贸易环境的变化而变化。因此在构建大宗商品流通企业流通指数时，不仅仅需要从企业发展的角度去构建一系列的指标，同时也要考虑大宗商品的市场行情，结合大宗商品供需状况，从而更好地设计出符合大宗商品流通企业发展的指数，为政府政策建议、企业发展等作出有价值的判断。

一、　评价指标选取原则

由于景气指数评价的动态性与系统性，合理的选取景气指数评价指标就显得尤为关键。影响大宗商品流通企业发展的要素是多层次、多维度的，要科学、全面、准确、客观地反映出大宗商品流通企业的真实水平，构建大宗商品流通行业景气指数体系应遵循以下原则：

1. 科学性原则

评价指标的内容和含义应建立在创新理论基础上，科学地选取评价指标，采用科学合理的评价方法，确保评价结果的客观、公正、准确及合理，保证其科学性和权威性；应能准确地反映一个区域的大宗商品流通行业能力的真实情况和发展变化趋势，有利于区域间的比较。

2. 系统性原则

大宗商品流通行业是多层次多角度的系统工程，行业景气评价指标体系应该能够真实反映出大宗商品流通行业的各个侧面，及全面系统的反映大宗商品流通行业的完整过程。指标间既相互独立，又相互关联，形成一个共同的有机整体，力求能综合反映大宗商品流通行业景气指数，同时又形成整体与局部的统一、长期与短期的结合。

3. 可操作性原则

力求数据的可操作性，指标数据要方便获取，数据尽可能可以量化，定量指标要保证数据的真实、有效并可计算。另外，测评方法能够易于掌握，以减少测评负担。

4. 可比性原则

大宗商品流通行业景气指标应该有可比性。在选择指标时必须明确每个统计指标的统计含义、适用范围、统计口径等，并尽量标准化，以保证指标的可比性，从而可以动态反映大宗商品流通行业在不同的发展阶段中的创新能力和变化趋势，便于作出相应的决策。

5. 动态性原则

大宗商品流通行业随着时间推移、企业内外环境的变化而发展变化，这就需要可以对相应的指标进行修改和补充，可以不断丰富和完善指数指标体系，达到动态监测的目的。

6. 定性和定量相结合原则

大宗商品流通行业景气指数的体现是多样化的，不仅包含经济方面的可计量的定量指标，应该还有反映其特性及经验性的定性指标。

在构建指标时，应做到定性与定量指标相结合，能定量化的尽量量化，不能量化的以定性表现，使整个体系更真实可靠。

二、 评价指标的选取

结合一般企业指数的构成和大宗商品的自身特色，将大宗商品流通行业景气指数分为五个一级指标，分别是信心指数、市场指数、成本指数、创新指数和融资指数。首先，作为一个企业指数，其最为核心的就是其产品市场情况，而大宗商品流通行业的产品市场情况一方面是由国内的经济状况决定的；另一方面是大宗商品自身行情决定的。因此，将由国际经济状况决定的流通企业发展状况作为信心指数，通过一系列的具体指标进行核算，而将由大宗商品自身行情决定的流通企业发展状况作为市场指数，通过大宗商品的供需、价格、进出口情况等指标进行核算。其次，作为大宗商品流通企业，往往商品的周转周期较长、固定资产投资较大、人工成本较高等情况决定了需要从成本的角度考虑大宗商品流通企业的成本变化情况，从而深入地了解企业的发展状况。再其次，随着互联网经济的不断深入，互联网在生活中使用越来越深入，同时大宗商品自身的金融属性也在不断地增强。互联网创新模式和金融创新模式的引进也会影响大宗商品流通企业的进程，因此需要考虑企业的创新给企业所带来的发展。最后，由于大宗商品流通企业往往是资金密集型企业，短期资金周转量较大，因此融资能力和融资成本也是大宗商品流通企业发展的重要指标之一。

三、 数据收集与预处理

1. 数据搜集

大宗商品流通行业景气指数具体指标共计 38 个。其中，属于事实性指标数据 16 个，待调查指标数据 22 个。为此采用了数据库查找和问卷调查两种方式同时进行，以获取大宗商品流通行业景气指数所需要的数据。

事实性数据来源方面：全国工业增加值数据和生产者价格指数数据来源于国家统计局统计公报和统计年鉴，中国 PMI 数据来源于物流与采购联合会发布的数据。各地市经济增加值、产业结构和规模以上企业数量数据来源于浙江省统计年鉴，其中经济增加值数据是当年产值减去上一年度产值计算得来。商品期货交易量数据采用中国证监会统计的上海、郑州和大连三家商品期货交易数据加总，生意社大宗商品荣枯指数来自生意社官方网站。大宗商品价格指数中，货币基金商品价格指数来源于世界货币经济组织网站，高盛商品价格指数来源于Wind 数据库。世界知名港口库存数据来源于 Wind 数据库，企业库存数据主要参考联合国粮农数据库、世界钢铁协会年报、BP 世界能源报告、CIA 协会发布的库存数据。大宗商品流通行业研报主要参考申万商品研究报告。

待调查指标共 22 个，为此中心通过建立调查问卷，展开实地调查的方式开展了指标调查，问卷除涉及 22 个主要指标外，还通过重复调查、变相调查等方式加强调查结果的真实性和可靠性。问卷共设计主要问题 48 个，其中单项选择 37 个（包含量表题 20 个），多项选择 3个，主观性问题 8 个（具体问卷见附录 2）。中心共发放问卷 1 000 份，收回有效问卷 954 份，有效率达 95.4%（见表 3-1）。

表 3-1　　　　　浙江省 11 地市问卷调查分布情况　　　　（单位：家）

地区	杭州	宁波	嘉兴	绍兴	湖州	舟山
物流企业	43	58	42	34	17	10
贸易企业	43	63	44	30	18	10
金融企业	44	59	44	36	15	10
问卷合计	130	180	130	100	50	30
有效问卷	126	177	128	92	44	30
问卷有效率	96.9%	98.3%	98.5%	92.0%	88.0%	100.0%
地区	温州	金华	衢州	台州	丽水	浙江省
物流企业	33	32	17	27	16	329
贸易企业	35	34	16	28	17	338
金融企业	32	34	17	25	17	333

地区	温州	金华	衢州	台州	丽水	浙江省
问卷合计	100	100	50	80	50	1 000
有效问卷	97	88	48	78	47	954
问卷有效率	97.0%	88.0%	96.0%	97.5%	94.0%	95.4%

通过问卷统计和分析，计算出总体指数得分情况。

2. 指标评判

工业增加值指数，以全球经济增加值或者 3% 孰高者为衡量基准，基准分为 0 分，每增加 1%，增加 10 分，每下降 1%，减去 10 分。2015 年全球经济增长值为 2.4%，因此采用 3% 计算，得出中国经济增加值得分为 35 分。

生产者价格指数，反映了生产者对于价格的议价能力和经济通货膨胀状况，太高或者太低对于生产者都是不利的。但是总体来说，PPI 为正说明大宗商品在走强，PPI 为负则意味着大宗商品面临调整。因此每变化一个百分点计 10 分。

PMI 监测指数，是反映经济变化的先导因素。PMI 指数 50 为荣枯分水线。当 PMI 大于 50 时，说明经济在发展，当 PMI 小于 50 时，说明经济在衰退。由于 PMI 只有分月统计情况，全年数据采用加总的方式求出。当 PMI 数值不等于 50 时，采用（PMI 数值－50）×10 的方式计分，等于 50 时计零分。

浙江省各地的工业增加值指数。由于浙江省统计年鉴只统计工业总产值，因此采用 2015 年统计年鉴中的工业产值数据减去 2014 年工业产值，得到工业增加值数据。工业增加值占比情况，计入统计数据中。

各地的产业结构采用工业经济比重除以地区总产值的方式求出，然后根据年度变化情况计进行统计，得到百分比的变化情况。

大宗商品荣枯指数，采用生意社网站发布的大宗商品荣枯数据，其发布的荣枯指数数值在－1～1 之间。全年数据采用加总的方式求出。

期货交易所商品交易量数据反映了大宗商品的活跃程度，采用上海期货交易所（当月交易量－上月交易量）/上月交易量的比重算出其增长和下降情况。

四、 指标体系及权重的确定

1. 一级指标及权重的确定

前面提到，大宗商品流通企业指数分为五个一级指标，分别是信心指数、市场指数、成本指数、创新指数和融资指数。如何选取指标权重是个非常重要的问题，权重不同，指数测算结果有很大差别。为使测算结果贴近实际，本节采用主成分分析法，通过 SPSS 软件实现。首先，将原有指标标准化；其次，计算各指标之间的相关矩阵、矩阵特征根及特征向量；最后，将特征根从大到小排列，并分别计算出其对应的主成分。

通过德尔菲方法，专家认为市场指数在大宗商品中的比重应为最高，因为市场行情的好坏直接决定了行业链条上公司的发展。在市场行情较好的情况下，大宗商品流通企业通过原有的库存产品升值、经手环节产品升值获得的是超额收益；而在行情下跌的情况下，企业的库存在贬值的同时，也会经历高价买入低价卖出的尴尬局面，导致企业利润大幅下降，因此，市场因素是最为重要的，在指数构成中的占比也应该是最高。第二重要的是大宗商品流通企业的成本指数，由于大宗商品流通企业主要是以资本密集型企业为主，成本控制是企业能否存活的制胜法宝。最后是信心指数、融资指数和创新指数（见表3-2）。

表 3-2　　　　浙江省规模以上大宗商品流通企业发展一级指标　（单位：%）

指数名称	占比情况
信心指数	20
市场指数	30
成本指数	25
创新指数	10
融资指数	15

2. 二级指标及权重的确定

二级指标的构建，主要是对一级指标的细化和分解，从而将一级指标逐步分解至可以度量的层面。同时确定二级指标的权重，使其能够较为准确地反映一级指标的变化情况。

对信心指数这一指标，将其分解成国家信心层面、地区信心层面和行业信心层面，也就是国家的宏观经济环境、地区经济环境和大宗商品流通的状况。对于宏观经济环境指标，主要从全国工业增加值、生产者价格指数以及中国 PMI 指数这三个方面进行度量。其次是浙江省的地市经济环境，主要从各地市的经济增加值、规模以上企业数量、产业结构三个方面进行衡量。而行业信心层面主要考虑的是企业对大宗商品流通行业的热度，这主要从期货市场交易量和生意社大宗商品荣枯指数方面进行度量。具体指标总计 8 个，如表 3-3 所示。

表 3-3　　　　　　　　　信心指数指标分解　　　　　　　（单位：%）

一级指标	二级指标	权重	具体指标	权重
信心指数（100）	宏观经济环境	30	全国工业增加值	10
			生产者价格指数	10
			中国 PMI 指数	10
	浙江省各地市经济环境	40	各地市经济增加值	20
			规模以上企业数量	10
			地区产业结构	10
	大宗商品关注热度	30	生意社大宗商品荣枯指数	10
			期货交易所商品期货交易量	20

对市场指数这一指标，将其分解成大宗商品的价格指标、库存指标和市场行业预测指标三类。大宗商品价格指标主要从大宗商品指数变化方面考察，主要考察世界货币基金组织的大宗商品价格指数变化情况和高盛大宗商品价格指数。大宗商品的库存状况主要从大宗商品知名港口库存量、大宗商品流通企业库存量以及大宗商品的产销缺口变化等方面考虑。而行业的市场前景状况则主要从专家意见、申万研究等方面进行测度。因为价格因素是大宗商品行情变化的最主要因素，

因此给予价格因素的权重最大，达到 50％，库存状况和市场前景状况分别占市场指数的 25％。具体指标总计 8 个，如表 3-4 所示。

表 3-4　　　　　　　　　　市场指数指标分解　　　　　　　　（单位：％）

一级指标	二级指标	权重	具体指标	权重
市场指数（100）	大宗商品价格指数变化	50	国际基金组织价格指数	20
			高盛商品指数	15
			中国商品价格监测指数	15
	市场中的库存状况	25	国内主要港口库存量	10
			大宗商品流通企业存库量	10
			大宗商品产销缺口	10
	行业市场前景状况	25	行业专家预测	10
			申万商品研究报告	15

对成本指数这一指标，主要从大宗商品流通企业的人工成本、原材料及仓储成本、厂房租金成本、企业利润等方面进行分解。首先是人工成本，包括普通工人工资状况、工资外人工支出两方面构成；其次是原材料成本，主要考虑原材料进口成本变化情况和原材料仓储成本；再其次是厂房租金成本，由于大宗商品流通企业往往需要一定的厂房或者是仓库进行商品储存，因此厂房租金在大宗商品流通企业成本中也占据了重要位置；最后是净利润，可以从整体上对于大宗商品流通企业的成本收入比有个整体的认识，分为净利润增长变化情况和净利润占收入百分比变化情况。具体指标总计 8 个，如表 3-5 所示。

表 3-5　　　　　　　　　　成本指数指标分解　　　　　　　　（单位：％）

一级指标	二级指标	权重	具体指标	权重
成本指数（100）	人工成本	20	普通工人人均月工资	15
			工资外支出情况	5
	原材料成本	30	原材料价格	10
			仓储及损耗成本	20
	厂房租金成本	30	厂房租金或者是周边地价	20
			租金占成本比重情况	10
	净利润	20	净利润增长变化情况	10
			净利润占收入百分比变化情况	10

创新指数主要分解成人才招聘难度、企业业务多元化程度和专利状况三方面。在人才招聘难度方面，分为普通工人招聘状况和管理层及高级技工招聘状况两个方面；在业务多元化方面，分为主营业务占比情况、多元化业务增长情况以及待开展的业务投入状况进行分解；专利状况方面，主要从专利数量或新型业务开展情况、专利增长情况方面分解。具体指标总计 7 个，如表 3-6 所示。

表 3-6 　　　　　　　　　　　　**创新指数指标分解** 　　　　　　　　（单位：％）

一级指标	二级指标	权重	具体指标	权重
创新指数 （100）	人才招聘难度	30	普通工人的招聘状况	15
			管理和高级技工的招聘状况	15
	业务多元化程度	40	多元化业务增长情况	20
			主营业务占收入比重	10
			待开展业务投入状况	10
	专利状况	30	专利数量或者新型业务开展状况	20
			专利增长情况	10

融资是大宗商品流通企业生产中较为重要的一项，大部分的大宗商品流通企业衰落或被并购都是由于资金链出现了问题。融资指数分解为资金紧张程度、融资难度、资金借贷综合成本三个指标进行考量，其中资金紧张程度主要从企业的流动比例利息保障倍数方面来考查；融资难度从贷款取得难易变化程度进行主观评价，除此之外，贷款的到期时长也是度量融资难度重要指标；资金借贷综合成本主要考量银行贷款综合成本和民间融资综合成本。具体指标总计 7 个，如表 3-7 所示。

表 3-7 　　　　　　　　　　　　**融资指数指标分解** 　　　　　　　　（单位：％）

一级指标	二级指标	权重	具体指标	权重
融资指数 （100）	资金紧张度	30	大宗商品流通企业流动比例	15
			企业利息保障倍数	15
	融资难度	30	信用贷款取得难易程度	10
			抵押贷款取得难易程度	10
			贷款到款时长	10

续表

一级指标	二级指标	权重	具体指标	权重
融资指数 （100）	银行贷款综合 成本	40	银行融资综合资金成本	20
			民间融资综合资金成本	20

表 3-8 为大宗商品流通行业景气指数三级指标体系。

表 3-8　　　　大宗商品流通行业景气指数指标体系评价　　　（单位：%）

一级指标	二级指标	三级指标	权重
信心指数	宏观经济环境	全国的工业增加值	10
		生产者价格指数	10
		汇丰 PMI 指数	10
	宁波各区县经济环境	各区县经济增加值	20
		中型以上企业数量	10
		人均工资状况	10
	全国大宗商品经营状况	生意社大宗商品荣枯指数	10
		期货交易所大宗商品交易量	20
市场指数	主要产品价格变化	现货产品价格变化状况	20
		期货产品价格变化状况	15
	市场中的库存状况	国际知名港口库存量	15
		国内主要港口库存量	10
		大宗商品企业存库量	10
	行业市场前景状况	券商研报	10
		专家意见	10
		企业家意见	15
成本指数	人工成本	普通工人人均月工资	15
		工资外支出情况	5
	原材料成本	原材料价格	10
		仓储及损耗成本	20
	厂房租金成本	厂房租金或者是周边地价	20
		租金占成本比重情况	10
	净利润	净利润规模	10
		增长情况	10

续表

一级指标	二级指标	三级指标	权重
创新指数	人才招聘难度	普通工人的招聘状况	15
		管理和高级技工的招聘状况	15
	业务多元化程度	主要的业务类型	20
		待开拓的业务类型	10
		主要业务占收入比重	10
	专利状况	专利数量	20
		专利增长状况	10
融资指数	资金紧张度	经营流转资金紧张度	15
		拓展经营资金紧张度	15
	融资难度	抵押贷款难度	10
		信用贷款难度	10
	银行贷款综合成本	银行贷款利率	10
		利率外成本状况	20
	民间借贷综合成本	民间借贷比重	20
		民间借贷利率状况	15

五、 综合指数评价模型

根据指标体系特征，采用的综合评价数学模型为：

$$S_i = \sum_{j=1}^{m} F_j X_{ij} \quad (i = 1, 2, \cdots, n)$$

式中：S_i 是第 i 个地区大宗商品景气综合指标，景气指数取值范围在 0～200 之间，以 100 为临界值，指数在 100 以上，反映景气状况趋于上升或改善；低于 100，反映景气状况趋于下降或衰退；等于 100，反映景气状况变化不大。

F_j 为第 j 个指标因子的权重，$\sum_{j=1}^{m} F_j = 1$，F_j 数值越大说明权重越大，此指标的影响越大；X_{ij} 为第 i 个地区第 j 个指标；m 为指标数目，n 是地区数。

第四章

浙江省大宗商品流通行业景气指数实证测评①

第一节 浙江省 11 地市大宗商品流通行业 景气指数测评

一、 浙江省 2015 年大宗商品流通行业景气指数结果及分析

通过构建大宗商品流通行业景气指数，并对浙江省 11 个地级市 2015 年大宗商品流通企业进行指数分析，可以得到以下结论。表 4-1 显示的是 2015 年基于调查数据的浙江省各市大宗商品流通行业景气指数计算结果。图 4-1 更直观地反映了浙江省各市行业景气指数排名。将大宗商品流通行业分为物流行业、贸易行业、金融行业，进而在表 4-1 排名基础上，对浙江省 11 地市进一步按行业划分，更深入分析各地市分行业下景气指数情况（见表 4-2 和图 4-2）。

表 4-1　　2015 年浙江省 11 地市大宗商品流通行业景气指数排名

城市	指数	排名	城市	指数	排名
杭州	124.50	1	绍兴	100.85	7
宁波	114.10	2	衢州	96.55	8
舟山	112.50	3	湖州	93.30	9
嘉兴	109.10	4	台州	87.75	10
金华	105.85	5	丽水	82.00	11
温州	103.80	6	全省平均指数	102.75	

① 第 4 章所有图表的资料均根据本课题组调研数据整理而得。

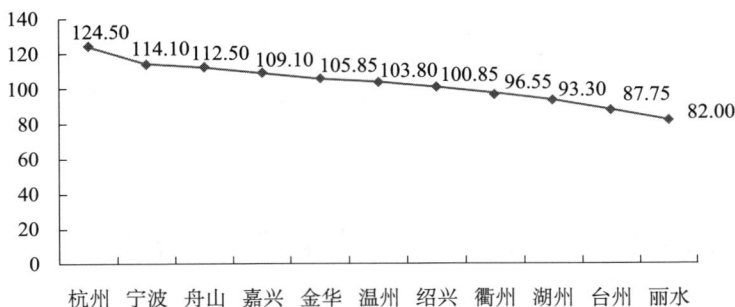

图 4-1　2015 年浙江省 11 地市大宗商品流通行业景气指数

表 4-2　　　　　　　　　**2015 年浙江省 11 地市分行业景气指数排名**

城市	物流行业		贸易行业		金融行业	
	指数	排名	指数	排名	指数	排名
杭州	121.45	1	123.65	1	128.40	1
宁波	115.01	4	112.60	4	115.43	2
舟山	118.02	2	113.80	3	105.60	3
嘉兴	116.45	3	110.30	5	99.45	4
金华	98.50	8	118.76	2	98.89	5
温州	110.48	5	109.45	6	92.12	6
绍兴	108.20	6	103.50	7	90.89	7
衢州	98.65	7	102.24	8	87.40	8
湖州	96.40	9	95.34	9	86.90	9
台州	94.30	10	85.30	10	83.56	10
丽水	85.32	11	80.79	11	82.3	11
全省平均指数	105.71		105.07		97.358	

　　从图 4-1 可以看出，浙江省 11 地市 2015 年大宗商品流通行业景气指数差异并不大。从表 4-1 可以看出，浙江省 11 地市中，第一梯度：杭州、宁波、舟山大宗商品流通行业处于相对安全的较强景气区间；第二梯度：绍兴、金华、温州、绍兴处于弱安全的微景气区间；第三梯度：衢州、湖州、台州、丽水处于经营风险较强的不景气区间。表 4-1 结果显示，2015 年浙江 11 市中小商品流通行业景气指数平均为 102.75。其中杭州市最高，其指数为 124.50。其次是宁波市，指数值为 114.10。而后舟山、嘉兴、温州、金华、温州、绍兴的大宗商品流通行业景气指数均在 100 以上，综合经营状况总体稳步提升，企业家信心逐步加强。

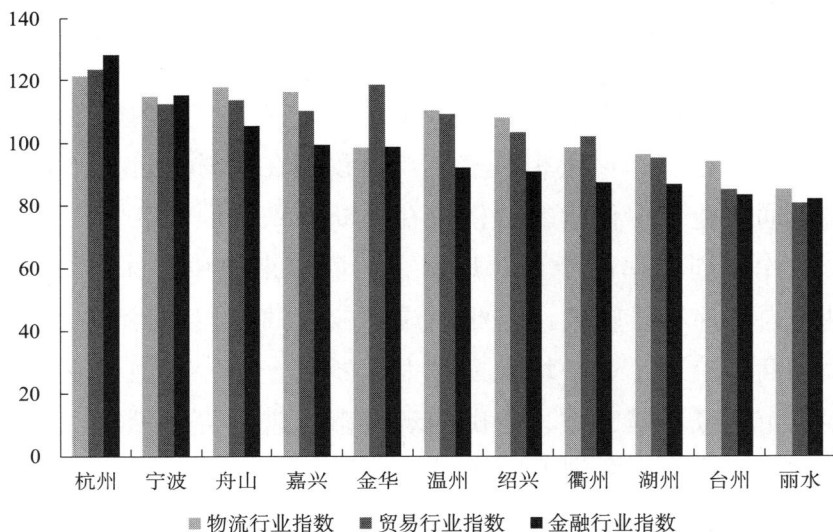

图 4-2　2015 年浙江省 11 地市分行业景气指数

1. 2015 年大宗商品流通企业受市场冲击较大，较多企业呈现亏损情形

世界大宗商品从 2011 年开始正式下行，到 2015 年已经有 4 年之久。2015 年，较多大宗商品流通企业已经深感进入了大宗商品"寒冬"。从 2015 年 6 月开始从原油、黄金、铜到棉花、糖、铜、锡等商品价格持续下跌，围绕大宗商品的避险情绪越来越浓。更令人担忧的是，随着美联储加息脚步的临近，强势美元或成为压垮商品价格的最后一根稻草。在美元升至 12 年新高之际，以美元计价的大宗商品近来已经屡现疲态。

随着大宗商品价格的持续低位，大宗商品流通行业也在不断地整合，在国际方面，嘉能可已经向力拓提出过收购协议，可能在 2016 年进一步提出收购协议，国内方面，中国远洋与中国海运正在谋划合并事宜，上海宝钢与武汉钢铁集团也将于未来一段时间内商议重组。行业亏损和整合是行业发展的大势。浙江的大宗商品流通企业主要是中小型企业，甚至是规模以下企业，在市场寒冬的情况下，更需要加大市场整合，才能使得企业安全过冬。

2. 2015 年受市场价格冲击较大的大宗商品流通企业多为内陆地区

沿海城市大宗商品流通企业较多，尤其是大宗商品贸易企业众多，对外贸易依存度较大，但是在调查部分浙江省大宗商品流通企业后，对比调查企业发现，内陆地区的大宗商品流通企业受到市场影响更大，大宗商品流通企业亏损情况更为严重。一方面，位于内陆地区的大宗商品流通企业往往库存量相对较大，导致了在原材料价格下跌时，大宗商品流通企业手中存货的价格也在不断下跌。而浙江省沿海经济发达，企业库存周转率高于浙西地市，浙西地市也由于采购成本较高，从而使得自身库存量较大，因此形成了较大的亏损。另一方面，东部沿海大宗商品流通企业平均规模也大于浙西企业，大型企业可以通过上海期货市场或者是宁波、舟山的现货市场进行价格锁定，从而降低企业风险，而小型企业则无法做到这一点。从受市场冲击的地市来看，丽水、台州、衢州、金华受市场影响最大，主要是由于其居于内陆同时企业规模不足。

3. 2015 年大宗商品流通企业中受影响最大的是大宗商品加工企业

从大宗商品流通企业的内部来看，加工企业是受市场冲击最大的，其次是商贸和物流企业，金融服务企业和信息咨询企业受冲击最小。在调查中，我们得出大宗商品流通企业的平均存货周转天数是 60 天左右，而黑色金属冶炼企业的平均存货周转天数为 80 天左右，有色金属冶炼企业平均存货周转天数为 50 天左右。平均存货周转率在较大程度上影响了大宗商品流通企业的企业利润。以此类推，大宗商品商贸和物流企业往往不持有存货或者持有存货时间较短，所受的冲击仅仅为销售或服务情况不达标。金融服务企业和信息咨询企业则保持着相对稳定的营业收入，不会随着大宗商品价格的大幅变动而变动。

二、 浙江省 2016 年大宗商品流通行业景气指数结果及分析

表 4-3 显示的是 2016 年基于调查数据的浙江省各地级市大宗商品流通行业景气指数计算结果。图 4-3 更直观地反映了浙江省各市行业景气指数排名。

表 4-3　　　　　2016 年浙江省 11 地市大宗商品流通行业景气指数排名

城市	指数	排名	城市	指数	排名
舟山	132.75	1	衢州	104.85	7
宁波	126.50	2	湖州	102.40	8
杭州	125.90	3	温州	98.20	9
嘉兴	112.30	4	台州	88.15	10
金华	114.30	5	丽水	70.55	11
绍兴	112.30	6	全省平均指数	108.018 2	

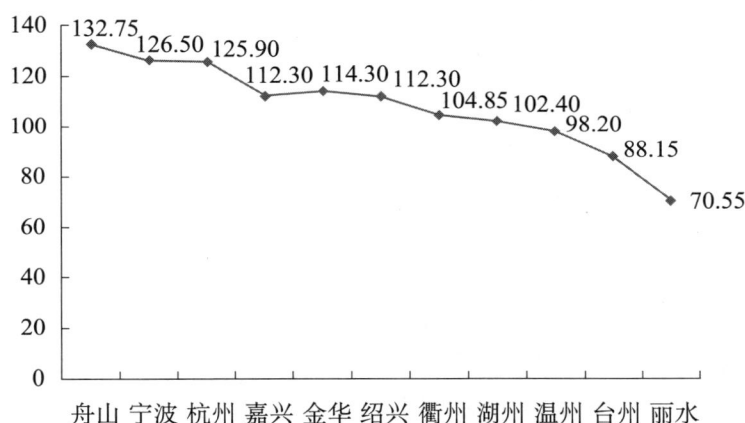

图 4-3　2016 年浙江省 11 地市大宗商品流通行业景气指数

结合分行业景气指数情况，可以看出，2016 年浙江省 11 地市大宗商品流通行业景气指数有以下特点：

一是高低层次分明。2016 年浙江省大宗商品流通行业景气指数平均数为 108.02，舟山、宁波、杭州三市的大宗商品流通行业景气指数为第一层次；嘉兴、金华、绍兴、衢州 4 市为第二层次；第三层次包括湖州、温州、台州和丽水 4 市。

二是发展层次之间的差异较大。第一层次平均指数远远超过第二层次和第三层次的指数水平，其中行业景气指数最高的舟山市和最低的丽水市之间相差 1.8 倍以上，表明浙江区域内的大宗商品流通行业发展很不平衡。第一层次中，舟山近年大力发展海洋经济，发展潜力很大，尤其是舟山自贸区的成立，使得舟山大宗商品流通行业景气指数大幅度上升。作为计划单列市的宁波市，工业发展基础良好，经济外向度较高，引进消化先进技术的能力较强，现代制造业在浙江省内占有重要地位。作为省会城市的杭州，凭借得天独厚的地理、人才和技术资源优势，着力发展电子、电商行业，显示出了强大的现代制造的综合实力。第二层次中，衢州以化工、钢材、水泥等传统工业或素材产业为主，容易受市场供需波动的影响；嘉兴、台州等大部分市的中小企业多从事劳动密集型产业，面对资金缺乏、成本攀升的压力，景气指数相对偏低。第三层次中，温州的实体经济虽然近年来出现较大衰退，但发挥资本集约型经济的效率优势，工业中小企业的景气指数仍保持了较高水准；台州等大部分市的中小企业多从事劳动密集型产业，面对资金缺乏、成本攀升的压力，景气指数相对偏低；丽水长期发展生态产业，但目前效果尚未充分显现。这三个地市工业中小企业较前两层次发展不足，但在政策引导下，也有一定的成长趋势。

三是总体来看，浙江省工业中小企业景气指数区间分布不平衡，特别是欠发达地区的大宗商品流通行业景气指数相对滞后，大部分地市在促进大宗商品流通行业发展方面共同面临着机遇和挑战。从发展趋势来看，浙江省大宗商品流通行业成长发展的空间还很大。

表 4-4 和图 4-4 对浙江省 11 地市进一步按行业划分，深入分析了各地市分行业下景气指数情况。

表 4-4　　　　2016 年浙江省 11 地市分行业景气指数排名

城市	物流企业		贸易企业		金融企业	
	指数	排名	指数	排名	指数	排名
舟山	137.12	1	135.34	1	125.76	2
宁波	126.34	2	128.35	3	124.86	3
杭州	120.97	4	125.98	4	130.64	1
嘉兴	125.63	3	113.50	6	97.43	7
金华	116.78	5	128.58	2	96.67	8
绍兴	115.70	6	119.92	5	100.76	4
衢州	110.50	7	106.39	7	97.80	6
湖州	102.17	9	105.35	8	99.80	5

城市	物流企业		贸易企业		金融企业	
	指数	排名	指数	排名	指数	排名
温州	103.70	8	100.56	9	90.47	9
台州	96.18	10	87.90	10	80.49	10
丽水	70.87	11	70.48	11	70.37	11
全省平均指数	111.450 9		111.122 7		101.368 2	

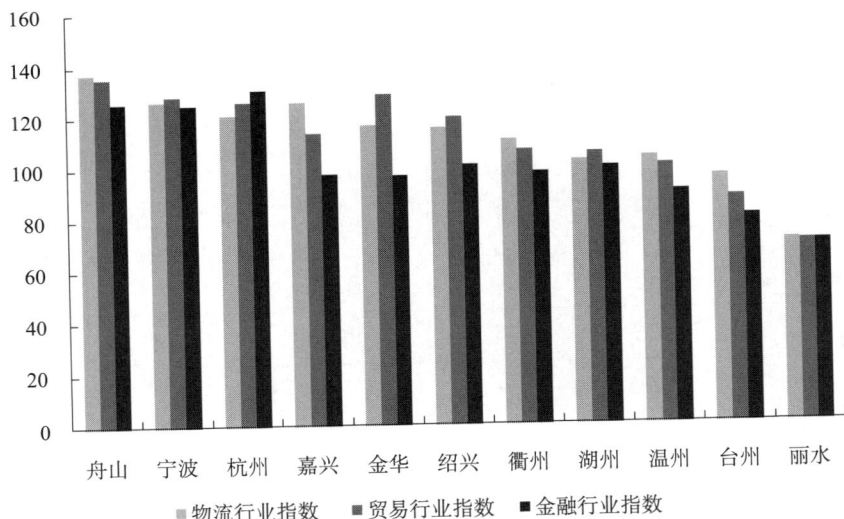

图 4-4　2016 年浙江省 11 地市分行业景气指数

三、 浙江省 2015～2016 年大宗商品流通行业景气指数比较分析

与 2015 年相比，宁波、嘉兴、金华、台州、丽水的排名不变；舟山位次上升两位，绍兴、衢州、湖州位次上升一位；江北位次下降一位，杭州位次下降两位，温州位次下降三位。各市区大宗商品流通行业景气指数实现了较快增长，其中增长最快的是舟山，增速为18.00%；其次是绍兴增速为 11.35%，宁波增速为 10.87%（见表 4-5和图 4-5）。温州和丽水大宗商品流通行业景气指数下降。

表 4-5　　浙江省 11 地市 2015～2016 年大宗商品流通行业景气指数比较

城市	2016 年		2015 年		指数增速（%）
	行业景气指数	排名	行业景气指数	排名	
舟山	132.75	1	112.50	3	18.00
宁波	126.50	2	114.10	2	10.87
杭州	125.90	3	124.50	1	1.12
嘉兴	112.30	4	109.10	4	2.93
金华	114.30	5	105.85	5	7.98
绍兴	112.30	6	100.85	7	11.35
衢州	104.85	7	96.55	8	8.60
湖州	102.40	8	93.30	9	9.75
温州	98.20	9	103.80	6	−5.39
台州	88.15	10	87.75	10	0.46
丽水	70.55	11	82.00	11	−13.96
全省平均指数	108.02		102.75		5.12

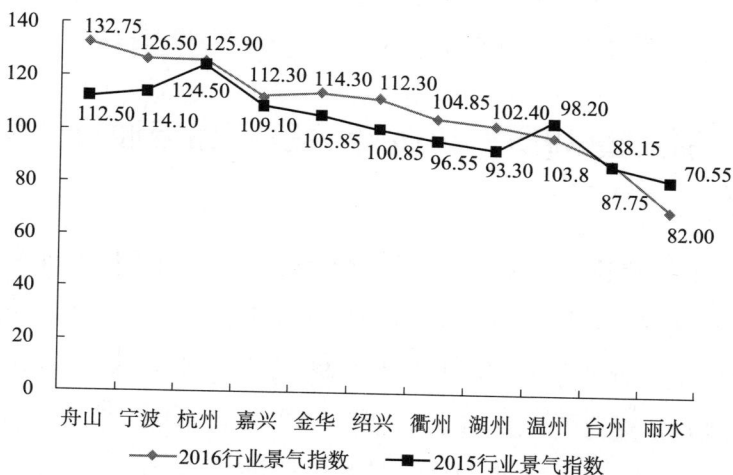

图 4-5　浙江省 11 地市 2015～2016 年大宗商品流通行业景气指数比较

浙江省 11 地市 2015～2016 年分行业景气指数比较见表 4-6 和图 4-6。

表 4-6　　　　　　　　2015～2016 年浙江省 11 地市分行业景气指数比较

城市	物流行业指数			贸易行业指数			金融行业指数		
	2016 年	2015 年	增速（%）	2016 年	2015 年	增速（%）	2016 年	2015 年	增速（%）
杭州	120.97	121.45	−0.40	125.98	123.65	1.88	130.64	128.40	1.74
宁波	126.34	115.01	9.85	128.35	112.60	13.99	124.86	115.43	8.17
舟山	137.12	118.02	16.18	135.34	113.80	18.93	125.76	105.60	19.09
嘉兴	125.63	116.45	7.88	113.50	110.30	2.90	97.43	99.45	−2.03
金华	116.78	98.50	18.56	128.58	118.76	8.27	96.67	98.89	−2.24
温州	103.70	110.48	−6.14	100.56	109.45	−8.12	90.47	92.12	−1.79
绍兴	115.70	108.20	6.93	119.92	103.50	15.86	100.76	90.89	10.86
衢州	110.50	98.65	12.01	106.39	102.24	4.06	97.80	87.40	11.90
湖州	102.17	96.40	5.99	105.35	95.34	10.50	99.80	86.90	14.84
台州	96.18	94.30	1.99	87.90	85.30	3.05	80.49	83.56	−3.67
丽水	70.87	85.32	−16.94	70.48	80.79	−12.76	70.37	82.30	−14.50
全省平均指数	105.71	105.71	0	111.12	105.07	5.76	101.37	97.36	4.12

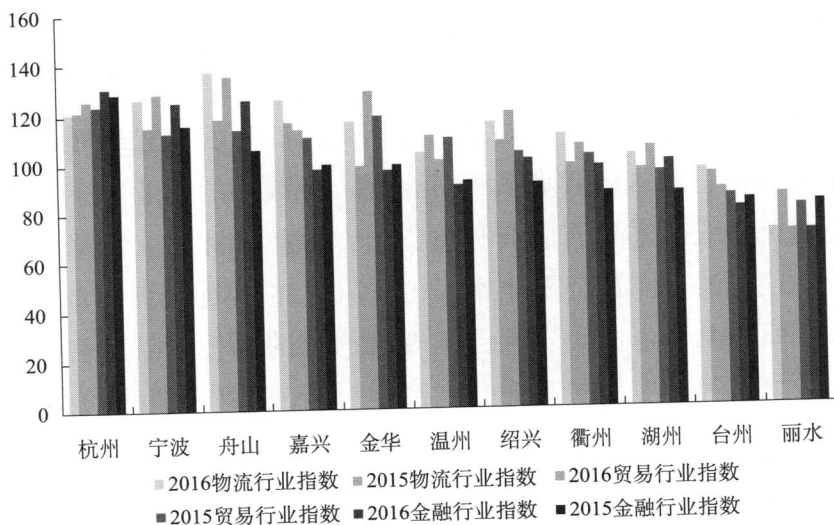

图 4-6　2015～2016 年浙江省 11 地市分行业景气指数比较

第二节　大宗商品流通行业分地区发展状况

一、　杭州市大宗商品流通行业景气指数状况

　　杭州是浙江省省会，也是浙江省最主要的交通枢纽和工业集聚地。杭州目前拥有国有大型工业企业 17 家，集体所有工业企业 5 家，私营和外资工业企业共 6 051 家。在大宗商品发展方面，杭州市大宗商品指数中信心指数达到 120，显著高于全省平均水平，这主要得益于杭州 2015 年来基础设施的完善和区位优势的显现，杭州近年来经济水平保持着高速稳定的发展，产业结构不断优化。但是 2015 年全年大宗商品价格持续低位徘徊，导致了市场景气度严重不足，因此市场指数为 150。主要是由于杭州房价在 2015 年开始逐步回暖，企业厂房租金有一定的提升，同时由于工资水平的提升，对于劳动密集型的大宗商品流通企业也有较大的冲击。杭州的大宗商品流通企业主要以物流、交易和信息服务为支撑，从总量来看，大宗商品流通企业数量有所减少，但是企业创新方面仍然保持着一定的增长，第四方物流模式的运用以及供应链金融的完善为大宗商品流通企业增添了创新活力。融资方面，在 2015 年中，杭州有 2 家物流企业借壳上市成功，大大增强了大宗商品的融资能力。此外，由于国家近两年实行的货币宽松政策，因此大宗商品流通企业总体负债水平相对合理，在调查的企业之中也没有出现过高的负债或是过高的借贷利息支出。得益于杭州大数据和云计算产业的快速发展，以及金融化水平的提升，本协同创新中心认为杭州未来大宗商品流通企业的发展会呈现结构化的调整，以大宗商品粗加工和大宗商品制造为主的制造业将会进一步减少，而以信息化为抓手的大宗商品信息服务业和交易业则会进一步增加，物流产业则保持较为稳定的态势。

　　2016 年杭州市大宗商品流通行业景气指数为 125.9，增速为

1.12％。信心指数、市场指数、创新指数、融资指数均有小幅度上涨，而成本指数则下降（见表 4-7 和图 4-7）。

表 4-7　　　　杭州市 2015～2016 年大宗商品流通行业景气指数构成情况

指数名称	权重（％）	2015 年指标计算结果	2016 年指标计算结果	增速（％）
信心指数	20	120	125	4.17
市场指数	30	150	152	1.33
成本指数	25	100	95	−5.00
创新指数	10	95	98	3.16
融资指数	15	140	145	3.57
行业景气指数	—	124.5	125.9	1.12

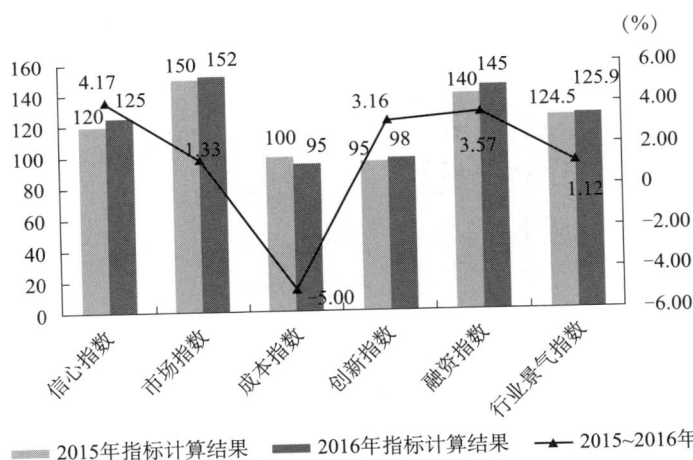

图 4-7　杭州市 2015～2016 年大宗商品流通行业景气指数构成情况

二、 宁波市大宗商品流通行业景气指数状况

宁波是浙江省第二大城市，也是著名的港口城市。宁波工业经济主要以加工制造业为主，大宗商品作为工业制造业的主要原料，在宁波的经济发展中也占据着重要的位置。2015 年，大宗商品价格在低谷徘徊，虽然降低了宁波市工业企业的生产成本，但是由于经济环境较差，整体工业市场行情依然不景气，在此状况下大宗商品流通企业经

营活动更加困难。2015 年，宁波大宗商品指数综合计算结果是 114.1，其中信心指数 115，相对于杭州市偏低，其中主要的原因可能是宁波的经济转型速度和质量相较于杭州仍有一定的差距，2015 年全市实现工业增加值 3 460.90 亿元，比 2014 年增长 4.4%。其中规模以上工业企业实现增加值 2 575.40 亿元，增长 3.8%，而杭州全市实现工业增加值 3 497.92 亿元，增长 5.5%，其中规上工业增加值 2 903.30 亿元，增长 5.4%。成本指数为 96，一方面表现在工业企业厂房租金的价格上涨，宁波地产价格在 2015 年全年呈现小幅上涨，但涨幅不及杭州市；另一方面表现在人工价格的上涨，宁波市由于地处沿海，经济腹地不如上海、杭州、苏州等城市宽广，因此对于劳动力吸引程度随着工资的上升而逐步下降，人工短缺和工人工资的上涨在一定程度上阻碍了宁波大宗商品流通企业的发展。创新指数来看，宁波的创新指数为 83，主要表现在现货市场的创新，2015 年，宁波现货市场格局稳定，宁波大宗商品交易所推出两种现货产品，同时，宁波跨境物流园区发展进一步强化。融资指数为 120，表明大宗商品流通企业融资相对便捷，融资成本有所下降，这主要得益于较为宽松的货币政策，在宽松的政策环境下，大宗商品流通企业一般以固定资产或者是商品存货进行抵押借款，借款可得性较高，同时借款利息相较于往年有所下降。

但是整体来看，宁波大宗商品指数比杭州偏低，主要因为宁波是临港城市，大宗商品贸易是宁波对外贸易的重要组成部分，因此大宗商品总体价格下降在一定程度上导致了宁波整体贸易额的下降。而且随着经济转型和市场升级，原先进口的煤、铁资源数量也呈现下降趋势，随着经济的发展，这一趋势还将持续。

2016 年宁波市大宗商品流通行业景气指数为 126.5，增速为 10.87%。信心指数、市场指数、创新指数、融资指数均有大幅度上涨，而成本指数则下降（见表 4-8 和图 4-8）。

表 4-8　　　　宁波市 2015～2016 年大宗商品流通行业景气指数构成情况

指数名称	权重（%）	2015 年 指标计算结果	2016 年 指标计算结果	增速（%）
信心指数	20	115	130	13.04
市场指数	30	136	155	13.97
成本指数	25	96	88	−8.33
创新指数	10	83	95	14.46
融资指数	15	120	150	25.00
行业景气指数	—	114.1	126.5	10.87

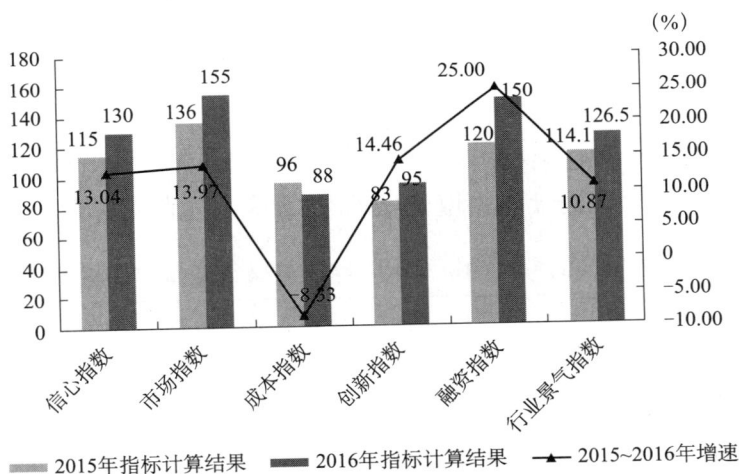

图 4-8　宁波市 2015～2016 年大宗商品流通行业景气指数构成情况

三、　舟山市大宗商品流通行业景气指数状况

舟山市是浙江省最东边的地区，是著名的海岛城市。舟山经济的外向型程度较高，因此在 2015 年受到的冲击也最大，2015 年舟山市大宗商品流通行业景气指数为 110.5。其中信心指数为 113，主要是由于舟山经济结构较为单一，规模以上工业企业中，船舶修造产值占据了半壁江山，其次是石油化工，而其他的产业产值均较为薄弱。由于贸易环境恶化以及石油价格的下跌，调查企业均不看好2016 年船舶行业和石油化工行业。由于钢材和原油价格的大幅下跌，

市场指数也呈现大幅下降，为130。而从成本情况来看，2015年铁矿石价格低位徘徊，给造船企业带来了不小的契机，但是由于市场行情不明朗，企业存货仍有积压，因此原材料价格下跌并没有很好地改善企业经营状况。同时舟山市由于地处海岛，土地资源相对较少，因此厂房租金和地价也较高，从而影响了整体的成本状况，综合评定成本指数为100。创新方面，舟山正在积极申报舟山自贸区，同时，开始着手建立舟山现货交易所，开始着手金属与石油化工产品现货交易，但是企业大多业务单一，风险性较大。因此创新指数为82。融资方面由于市场整体环境宽松，整体融资环境向好，且舟山市公司多为来料加工企业，资金需求量相对较低，综合评定舟山市融资指数为118。

2016年舟山市大宗商品流通行业信心指数为148，比2015年增长30.97％。市场指数为159，增速为22.31％（见表4-9和图4-9）。

表4-9   舟山市2015～2016年大宗商品流通行业景气指数构成情况

指数名称	权重（%）	2015年指标计算结果	2016年指标计算结果	增速（%）
信心指数	20	113	148	30.97
市场指数	30	130	159	22.31
成本指数	25	100	85	−15.00
创新指数	10	82	105	28.05
融资指数	15	118	158	33.90
行业景气指数	—	112.50	132.75	18.00

舟山市具有良好的大宗商品发展基础，洋山港作为重要的阴极铜和铁矿石中转港口，对中国乃至亚洲金属价格均有重要的影响。此外舟山市港湾条件优良，岛屿众多，可以大力发展大宗商品中转贸易以及现货市场，有望成为浙江乃至全国金属产品定价中心。围绕这个发展方向，舟山市应该大力发展大宗商品相关产业，推动产业升级，加强产业集聚，形成较为完善的大宗商品产业链条，从而使得舟山经济

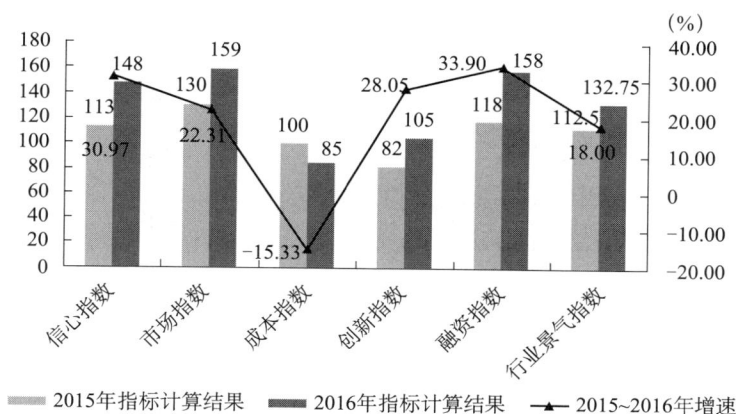

图 4-9　舟山市 2015～2016 年大宗商品流通行业景气指数构成情况

又好又快发展。

四、 嘉兴市大宗商品流通行业景气指数状况

　　嘉兴市具有较为良好的地理优势，距离上海、杭州、宁波和苏州均在 100 公里以内。同时，具有良好的经济基础，嘉兴市大宗商品主要是以油品炼化、农业大宗商品制造和物流为主。2015 年由于石油价格大幅下跌，因此市场价格对嘉兴大宗商品冲击也非常之大。2015 年，嘉兴市大宗商品流通行业景气指数为 109.1，说明受到市场冲击较大，这也是因为嘉兴工业经济发展中大宗商品的份额较为重要。在石油价格大幅度下跌的情况下，嘉兴市经济增长也呈现了放缓趋势，因此信心指数为 118。但是嘉兴市由于地理优势明显、土地成本较低和人工成本相对较低的原因，成本冲击相对有限，但是由于皮革、成衣作为劳动密集型产业，在整体人工成本上升的大环境下，对嘉兴市大宗商品流通企业依然有一定的冲击，综合考虑，成本指数为 90。由于嘉兴市在海港建设、现货交易市场建设方面有一定的成效，因此创新指数得分为 81。融资指数方面，由于宽松的货币政策和嘉兴地区大宗商品流通企业的特点，嘉兴地区融资指数 110，融资情况相对较好（见表 4-10 和图 4-10）。

表 4-10　　嘉兴市 2015～2016 年大宗商品流通行业景气指数构成情况

指数名称	权重（%）	2015 年指标计算结果	2016 年指标计算结果	增速（%）
信心指数	20	118	125	5.93
市场指数	30	128	140	9.38
成本指数	25	90	86	−4.44
创新指数	10	81	95	17.28
融资指数	15	110	128	16.36
行业景气指数	—	109.1	117.2	7.42

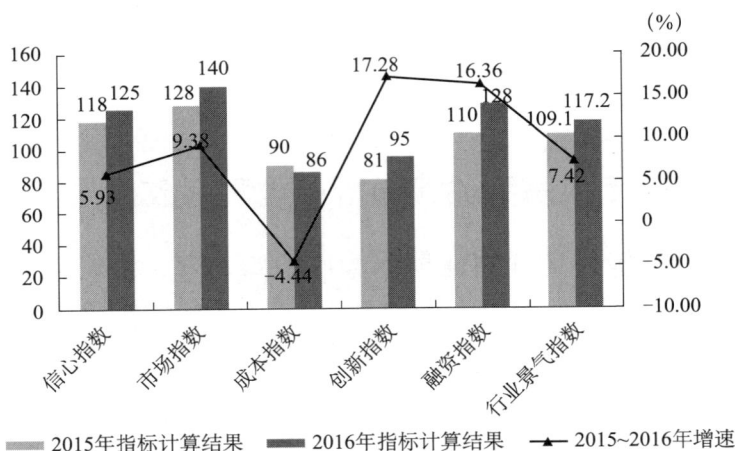

图 4-10　嘉兴市 2015～2016 年大宗商品流通行业景气指数构成情况

目前嘉兴市主要的大宗商品流通企业经营范围包括皮革制造、石油炼化以及农产品加工。经营形式主要是加工制造和商贸流通，而信息咨询、物流企业相对较少，这也在一定程度上使得嘉兴大宗商品流通企业受大宗商品价格变化冲击较大。

五、 金华市大宗商品流通行业景气指数状况

金华市位于浙江省中西部，是著名的小商品集散中心。2015 年，金华市大宗商品流通行业景气指数为 105.85，总体冲击为负面，且所受冲击较大，虽然金华主要以轻工业为主，但受到市场原因，棉花价格下跌，布料生产厂家的利润也在大幅下降，此外水泥和钢材作为金

华市重要的工业产业，受钢铁价格下降的影响明显。金华市全市完成规模以上工业增加值 973.63 亿元，比上年增长 4.4%。规模以上工业总产值 4 927.50 亿元，销售产值 4 630.01 亿元，分别增长 2.1% 和 1.1%，受此影响，大宗商品流通企业经营状况也不甚乐观，部分水泥和钢铁企业出现亏损。综合金华市总体的经济发展状况，得出金华市大宗商品流通企业信心指数为 116，总体状况不甚乐观。由于 2015 年整体大宗商品价格低位，金华市布料和钢铁等产品市场需求冷淡，综合考虑市场价格因素，得出市场指数为 125。金华市由于人口较多，轻工业增长状况客观，调查结果显示金华市虽然人工成本有所上涨，但招工难易程度有所好转，虽然低价有所提高，但土地价格和厂房租金成本占比相对较低，因此大宗商品成本企业指数为 89。创新指数方面，被调查企业创新方式上均有所不足，企业主要以大宗商品加工和商贸为主，企业大多在规模以下。但是金华市线上销售情况大幅发展，2015 年全年实现网络零售额 1 344 亿元，同比增长 58.4%，占全省网络零售额的 17.7%，网络零售额位居全省第二。综合考虑得出创新指数为 82（见表 4-11 和图 4-11）。

表 4-11　　金华市 2015～2016 年大宗商品流通行业景气指数构成情况

指数名称	权重（%）	2015 年指标计算结果	2016 年指标计算结果	增速（%）
信心指数	20	116	123	6.03
市场指数	30	125	138	10.40
成本指数	25	89	83	−6.74
创新指数	10	82	88	7.32
融资指数	15	98	125	27.55
行业景气指数	—	105.85	114.30	7.98

2016 年金华市大宗商品贸易主要是以轻工业为主，重工业为辅。虽然在轻工业的供应中，以大宗商品为代表的原材料供应相对较少，但是大宗商品价格变化依然影响了地区的企业发展状况。重工业方面，金华主要以黑色金属冶炼和水泥加工制造为主，受到市场冲击较大，

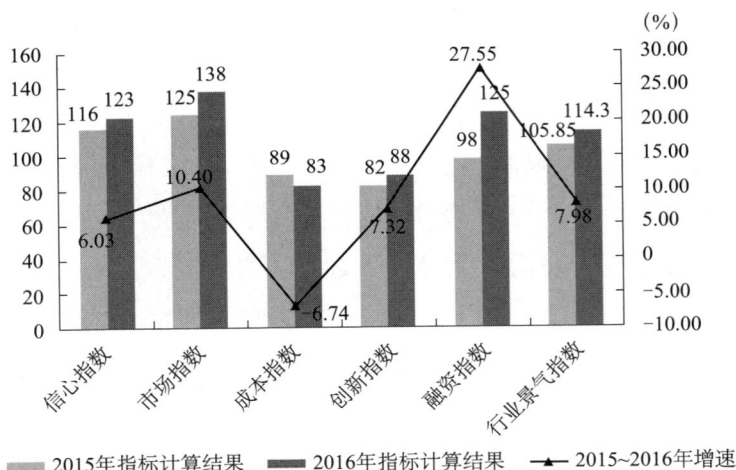

图 4-11　金华市 2015～2016 年大宗商品流通行业景气指数构成情况

因此也需要谨慎面对大宗商品市场冲击。预计 2016 年黑色金属市场仍然难以好转，因此应该减少部分产能，改变经营业态，促进大宗商品流通企业发展。

六、　温州市大宗商品流通行业景气指数状况

温州市位于浙江省东南沿海，是浙江省民营经济非常发达的地区，也是浙江省工业经济的重要组成部分。2015 年，温州市大宗商品流通行业景气指数为 103.8，总体冲击为负面，但所受冲击相对较小，主要是由于温州市主要的大宗商品流通企业逐步向高端装备方向发展，企业受成本价格变动影响较小，高新技术产业增加值 401.37 亿元，增长 8.1％，占规模以上工业的比重为 36.8％，对规模以上工业增长贡献率为 46.6％；装备制造业增加值 474.10 亿元，增长 7.7％，占规模以上工业的比重为 43.4％；战略性新兴产业增加值 237.67 亿元，增长 8.5％，占规模以上工业的比重为 21.8％。从温州市经济增长情况来看，2015 年全市全年实现工业增加值 1 758.50 亿元，比上年增长 6.3％。规模以上工业企业 4 779 家，实现工业增加值 1 091.32 亿元，同比增长 6.3％，其中轻、重工业增加值分别为 416.01 亿元和 675.30

亿元，分别增长 4.5％和 7.5％。综合温州市总体的经济发展状况，得出温州市大宗商品流通企业信心指数为 110。由于 2015 年整体大宗商品价格处于低位，对于温州市大宗商品流通企业产品销售状况，综合考虑市场价格因素，得出市场指数为 126。从成本分析，一方面大宗商品价格的下跌降低了企业营业收入，另一方面也降低了企业成本。在土地资源方面，温州市土地租金价格逐步回归理性，但整体价格相较于省内其他地区仍然偏高，因此大宗商品企业成本指数为 86。创新指数方面，被调查企业创新方式上均有所不足，但企业在产品加工深度、产品线的扩展方面有较强的发展，因此创新指数为 81。2015 年融资环境相对宽松，因此大宗商品流通企业融资指数为 96（见表 4-12 和图 4-12）。

表 4-12　　　　温州市 2015～2016 年大宗商品流通行业景气指数构成情况

指数名称	权重（％）	2015 年 指标计算结果	2016 年 指标计算结果	增速（％）
信心指数	20	110	112	1.82
市场指数	30	126	118	−6.35
成本指数	25	86	80	−6.98
创新指数	10	81	72	−11.11
融资指数	15	96	88	−8.33
行业景气指数	—	103.80	98.20	−5.39

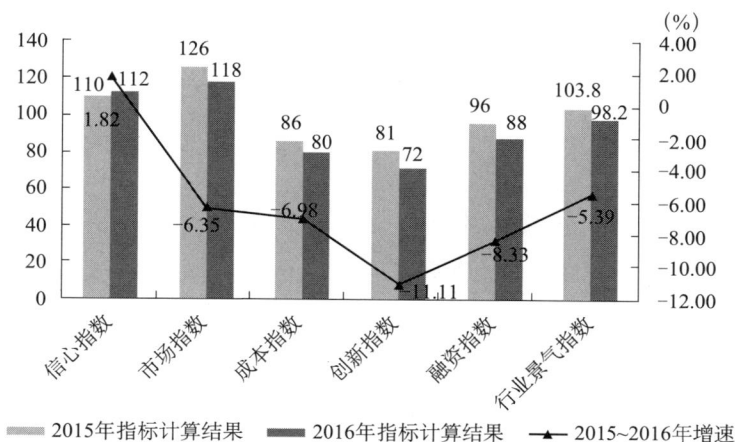

图 4-12　温州市 2015～2016 年大宗商品流通行业景气指数构成情况

温州是浙江省经济发展较早的地区，大宗商品流通企业也主要以加工制造业为主，同时具有较好的工业基础，且临海便于商品贸易，因此大宗商品流通企业发展基础较好，但是由于产业升级，导致大宗商品流通企业市场份额有所减少，很多大宗商品流通企业选择开拓新市场。

七、 绍兴市大宗商品流通行业景气指数状况

绍兴在浙江省的经济排名中位居第四。2015 年，绍兴大宗商品流通行业景气指数为 100.85，受冲击情况相对较大，主要是由于绍兴整体的经济结构面临转型升级，绍兴大宗商品流通企业主要以生产、经营化纤原料为主，而随着石油价格的大幅下降，化纤产品价格也在不断下降。化纤产品销售情况也不尽人意，2015 年绍兴市统计公报显示，以上工业企业生产化学纤维 480.88 万吨，增长 1.8%；印染布产量 182.65 亿米，下降 2.7%。这与我们调查的情况基本一致，由于化纤和印染布产量的下降，绍兴 2015 年经济增加值也受到一定的拖累，统计公报显示绍兴市 2015 年工业经济增加值增幅只有 6%，低于全省平均水平。因此综合评估，得出绍兴市大宗商品信心指数为 108。由于石油价格大幅下降，因此市场情形对绍兴经济发展也相对不利，因此综合评估市场情况，得出绍兴市市场指数为 120。2015 年绍兴市市区整合逐步完善，厂房租金有所上升，同时由于印染行业劳动力密集，需要的基础工人数量众多，被调查的企业均表示劳动力成本有所上升，综合考虑人工成本和厂房租金成本，得出绍兴市成本指数为 84。创新指数方面，跨境电商的发展为绍兴市大宗商品贸易提供了新的渠道，除此之外，绍兴的行业企业仍然是以传统企业运作模式进行，创新力度和创新性均稍显不足。融资情况来看，绍兴由于临近杭州，借助杭州全省金融中心的地位，资金借贷方面具有一定的优势，在调查中也发现，部分企业为了降低融资成本更愿意与杭州的金融机构进行资金往来。结合 2015 年宏观货币政策状况和绍兴市问卷调查结果，得出绍兴市融资指数为 95（见表 4-13 和图 4-13）。

表 4-13　　　　绍兴市 2015～2016 年大宗商品流通行业景气指数构成情况

指数名称	权重（%）	2015 年指标计算结果	2016 年指标计算结果	增速（%）
信心指数	20	108	124	14.81
市场指数	30	120	134	11.67
成本指数	25	84	80	−4.76
创新指数	10	80	93	16.25
融资指数	15	95	120	26.32
行业景气指数	—	100.85	112.30	11.35

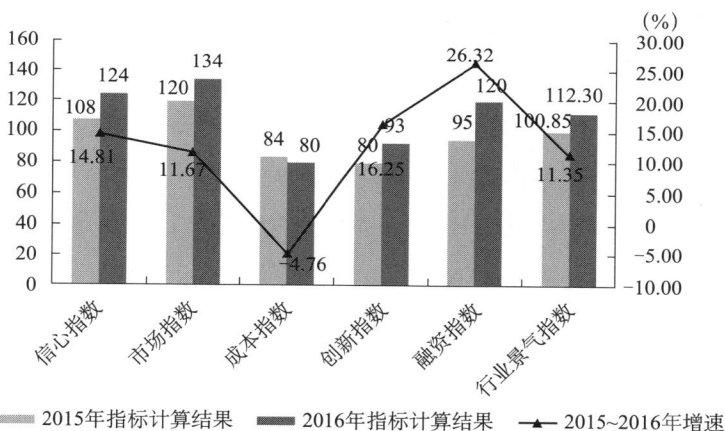

图 4-13　绍兴市 2015～2016 年大宗商品流通行业景气指数构成情况

目前绍兴市大宗商品流通企业主要集中于化纤材料以及印染布料等方面，经营方式主要是大宗商品加工与贸易，企业发展受石油和棉花价格冲击较大，大宗商品产业较为单一也是绍兴市大宗商品发展的困境之一，从目前的石油价格状况来看，短期内石油价格仍然会呈现低位徘徊的情形，市场回暖仍需时日。而中国劳动力密集型行业正逐步向东南亚国家转移，因此谋求多样化和经营方式升级可能是绍兴市未来大宗商品流通企业发展的主要方向。

八、　衢州市大宗商品流通行业景气指数状况

衢州市位于浙江省西部，是浙江的西大门，西边连接南方资源大

省江西省，具有大宗商品发展的地理基础。2015 年，衢州市大宗商品流通行业景气指数为 96.55，总体冲击为负面，且所受冲击较大，这是因为衢州市经济主要是以重工业制造为主，工业制造企业居多。衢州市 2015 年工业增加值增加 457.76 亿元，同比增长了 3.7％，而其中重工业下降 3.5％，受此影响，衢州市大宗商品流通企业在利润也出现了大幅下滑，甚至亏损。综合衢州市总体的经济发展状况，得出衢州市大宗商品流通企业信心指数为 100，总体状况不甚乐观。由于2015 年整体大宗商品价格低位，衢州市金属制造与非金属矿产品市场需求冷淡，综合考虑市场价格因素，得出市场指数为 115。衢州市因为地处与江西交界，近两年吸引了不少劳动密集型企业入驻，轻工业增长状况良好。调查结果认为，衢州市虽然人工成本有所上涨，但是招工难易程度、人员流动情况有所好转，土地价格和厂房租金成本也相对较低，因此大宗商品成本企业指数为 83。创新指数方面，被调查企业创新方式上均有所不足，从地市经济发展结构看来，大宗商品流通企业种类有所增加，大宗商品流通企业形态由加工、贸易逐步向信息发布、市场咨询、现货基地等形态扩展，综合以上因素考虑，大宗商品流通企业创新指数为 78（见表 4-14 和图 4-14）。

表 4-14　　衢州市 2015～2016 年大宗商品流通行业景气指数构成情况

指数名称	权重（％）	2015 年指标计算结果	2016 年指标计算结果	增速（％）
信心指数	20	100	120	20.00
市场指数	30	115	128	11.30
成本指数	25	83	80	−3.61
创新指数	10	78	82	5.13
融资指数	15	90	95	5.56
行业景气指数	—	96.55	104.85	8.60

衢州市 2015 年机械行业实现产值 307.03 亿元，比上年下降4.6％；化工行业 295.44 亿元，增长 6.6％；黑色金属冶压业 143.69亿元，下降 21.1％；造纸行业 162.87 亿元，增长 7.6％；电力行业

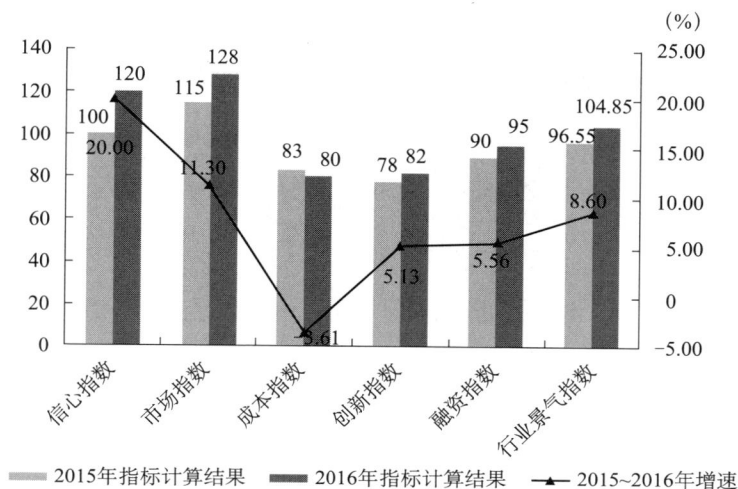

图 4-14　衢州市 2015～2016 年大宗商品流通行业景气指数构成情况

97.95 亿元，增长 8.6％；建材行业 70.73 亿元，下降 14.5％；有色金属冶压业 62.85 亿元，增长 9.0％。从总体来看，黑色金属冶炼受到的市场冲击最大，而有色金属在呈现逆势上涨行情，这符合市场对黑色金属与有色金属的预期，预计 2016 年，黑色金属仍然会呈现低位徘徊，而有色金属市场则出现一定的回暖行情。衢州之所以大宗商品流通企业发展指数较低主要是由于其主要是以加工制造为主，企业在套期保值、规避风险方面意识相对薄弱，因此应该积极引导企业积极进行套期保值，锁定企业生产成本和销售价格，从而使得企业能够度过大宗商品"寒冬"。

九、　湖州市大宗商品流通行业景气指数状况

湖州市位于浙江省西北，是浙江省重要的农业生产区域，也是浙江省工业经济的重要组成部分。湖州市大宗商品流通行业景气指数为 93.3，总体冲击为负面，冲击相对于省内其他地区较小一些，这一方面缘于湖州居于内陆，而港口地区受市场环境冲击较大，另一方面湖州经济主要是以轻工业制造为主，大宗商品流通企业相对较少。湖州市 2015 年工业增加值增加 926.2 亿元，同比增长了 6.3％。综合湖州

市总体的经济发展状况，得出湖州市大宗商品流通企业信心指数为98，相较于临港城市较好，但是总体仍不甚乐观。由于 2015 年整体大宗商品价格下跌，湖州纺织品和非金属矿产品市场需求冷淡，综合考虑市场价格因素，得出市场指数为 110。湖州市因为地处浙江与安徽、江苏交界，交通便利，且市区地价较低等原因，近两年吸引不少劳动密集型企业入驻。根据调查结果认为湖州市虽然人工成本有所上涨，但是招工难易程度、人员流动情况有所好转，土地价格和厂房租金成本也相对较低，因此大宗商品成本企业指数为 80。创新指数方面，被调查企业创新方式上均有所不足，从地市经济发展结构看来，大宗商品流通企业种类有所增加，大宗商品流通企业形态由加工、贸易逐步向信息发布、市场咨询、现货基地等形态扩展，综合以上因素考虑，大宗商品流通企业创新指数为 75（见表 4-15 和图 4-15）。

表 4-15　　湖州市 2015～2016 年大宗商品流通行业景气指数构成情况

指数名称	权重（%）	2015 年指标 计算结果	2016 年指标 计算结果	增速（%）
信心指数	20	98	118	20.41
市场指数	30	110	126	14.55
成本指数	25	80	78	−2.50
创新指数	10	75	80	6.67
融资指数	15	88	90	2.27
行业景气指数	—	93.30	102.40	9.75

湖州市大宗商品主要有纺织原料、金属和非金属材料、木材等，大宗商品流通企业主要作为原材料供应商向工业企业输送原材料，从湖州市经济增长情形来看，纺织原料、通用设备均呈现一定程度的上涨。但是这种上涨情形在未来几年也会随着工人工资成本的增加而有所下降。因此湖州大宗商品流通企业未来发展的方向，是加强大宗商品流通行业整合，突出企业规模效应，从而推动大宗商品的企业发展。同时湖州市也需要结合当地特色产业，发展本地现货市场，推动现货交易。

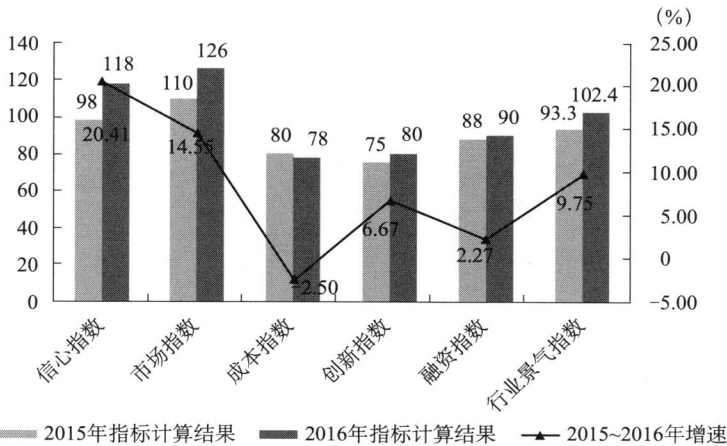

图 4-15　湖州市 2015～2016 年大宗商品流通行业景气指数构成情况

十、　台州市大宗商品流通行业景气指数状况

台州市位于浙江省东部沿海，是浙江省民营经济非常发达的地区，也是浙江省工业经济的重要组成部分。2015 年，温州市大宗商品流通行业景气指数为 87.75，总体冲击为负面，但所受冲击相对较大。2015 年全市实现工业增加值 1 360.55 亿元，按可比价格计算，比上年增长 2.8%。全市规模以上工业企业为 3 741 家，实现工业增加值 818.33 亿元，比上年增长 0.4%。其中，轻工业实现工业增加值 312.16 亿元，比上年增长 3.2%，占规模以上工业增加值的 38.1%；重工业实现工业增加值 506.17 亿元，下降 1.1%，所占比重为 61.9%。从大宗商品流通企业经营状况来看，大宗商品产品库存积压较为严重，尤其是塑料制品的大宗企业，受到的冲击非常大，其次是通用产品制造的大宗商品流通企业，主要是受到市场影响，产品市场需求不足，价格下跌。综合考虑台州市经济发展情况，得出台州市大宗商品流通企业信心指数为 95。由于 2015 年整体大宗商品价格低位，结合调查的台州市大宗商品流通企业产品销售状况，综合考虑市场价格因素，得出市场指数为 105。从成本方面，一方面大宗商品价格的下跌降低了企业营业收入，另一方面也降低了企业成本，在土地资源

方面，台州土地价格相对合理，但是由于近两年人工成本大幅上升，招工难度有所加大，给大宗商品流通企业带来了不小的成本压力。因此大宗商品流通企业成本指数为 73。创新指数方面，被调查企业创新方式上均有所不足，相对宁波和舟山等地区，台州大宗商品流通企业创新力度相对较弱，创新指数为 70。2015 年融资环境相对宽松，因此大宗商品流通企业融资指数为 80（见表 4-16 和图 4-16）。

表 4-16　　台州市 2015～2016 年大宗商品流通行业景气指数构成情况

指数名称	权重（%）	2015 年指标计算结果	2016 年指标计算结果	增速（%）
信心指数	20	95	100	5.26
市场指数	30	105	104	−0.95
成本指数	25	73	70	−4.11
创新指数	10	70	73	4.29
融资指数	15	80	81	1.25
行业景气指数	—	87.75	88.15	0.46

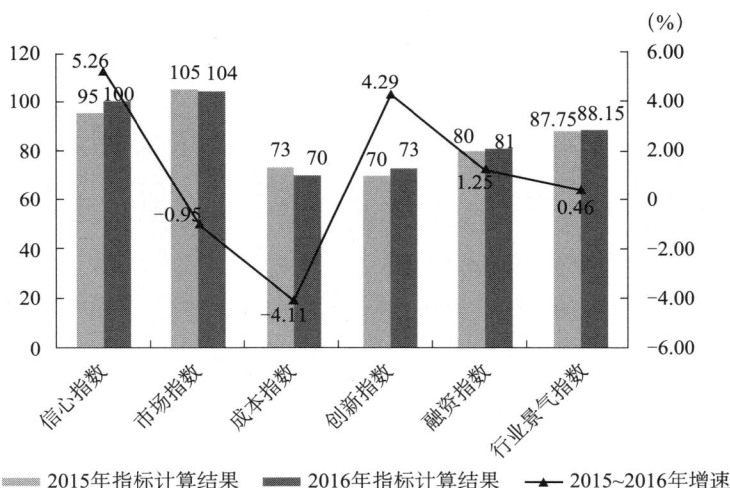

图 4-16　台州市 2015～2016 年大宗商品流通行业景气指数构成情况

近几年，台州的经济一直止步不前，可能和台州的企业发展类型有关，台州企业主要是以家庭作坊式经济为主，规模以上企业占地区经济总量较为有限，而大宗商品流通企业需要产业集聚才能发挥规模效应，因此台州地区需要加强企业集聚，鼓励企业合并，从而使得大宗商品流通企业指数有所回升。

十一、 丽水市大宗商品流通行业景气指数状况

丽水位于浙江省西南部，是浙江省重要的农业生产区域，也是浙江省工业经济的重要组成部分。2015 年，丽水市大宗商品流通行业景气指数为 82，总体冲击为负面，且所受冲击较大。丽水轻工业主要以人造皮制品和人造板组成，受石油价格冲击较大，此外水泥和钢材作为丽水市重要的工业产业，受建筑业需求下降的影响明显。丽水市全年规模以上工业增加值 351.50 亿元，比上年增长 0.5%。规模以上工业销售产值 1 602.81 亿元，下降 7.2%，受此影响，大宗商品流通企业经营状况也不甚乐观，很多水泥和钢铁企业出现亏损。综合丽水市总体的经济发展状况，得出丽水市大宗商品流通企业信心指数为 89，总体状况不甚乐观。由于 2015 年整体大宗商品价格低位，丽水市水泥、钢铁、皮革等产品市场需求冷淡，综合考虑市场价格因素，得出市场指数为 95。从成本分析，一方面大宗商品价格的下跌降低了企业营业收入，同时也降低了企业成本，在土地资源方面，丽水市土地价格有所提高，但整体价格相较于省内其他地区仍然偏低，因此大宗商品成本企业指数为 70。创新指数方面，被调查企业创新方式上均有所不足，企业主要以大宗商品加工和商贸为主，企业大多在以规模以下，得出创新指数为 65（见表 4-17 和图 4-17）。

表 4-17　　丽水市 2015～2016 年大宗商品流通行业景气指数构成情况

指数名称	权重（%）	2015 年指标计算结果	2016 年指标计算结果	增速（%）
信心指数	20	89	75	−15.73
市场指数	30	95	82	−13.68
成本指数	25	70	60	−14.29

指数名称	权重（%）	2015 年 指标计算结果	2016 年 指标计算结果	增速（%）
创新指数	10	65	62	−4.62
融资指数	15	78	65	−16.67
行业景气指数	—	82.00	70.55	−13.96

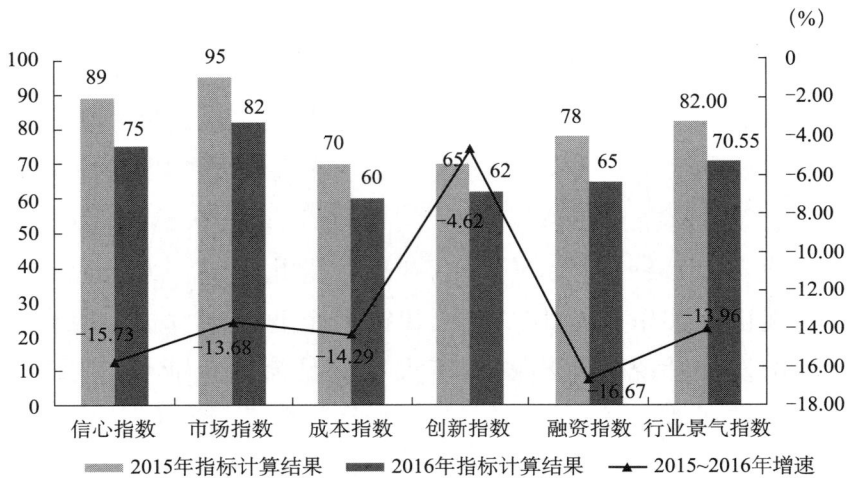

图 4-17　丽水市 2015～2016 年大宗商品流通行业景气指数构成情况

借助资源优势，丽水市大力房展皮革产品和人造板，在一定程度上与全省其他地区形成了差异化竞争，促进了本地大宗商品流通企业的发展，但是从企业的形态方面，仍然是以规模以下企业为主，大型企业经营状况较差，不利于形成产业集聚效应，促进地区产业健康和谐发展。因此丽水在促进大宗商品产业发展方面，应该积极的推动小型企业做大做强，加强产业集聚，从而进一步推动地区经济发展。

第五章

推进大宗商品流通行业发展的对策建议

第一节　推进浙江大宗商品商贸企业发展的对策建议

大宗商品商贸企业作为大宗商品贸易融资的主体，在大宗商品贸易金融风险传导中发挥着最重要的作用。国际大宗商品的价格波动通过企业的贸易融资传导到国内实体经济和金融行业，影响社会经济的健康稳定运行。因此，进行大宗商品贸易的企业要加强自身危机意识，提高抵抗风险的能力，从源头上对大宗商品贸易融资风险进行有效的控制。

一、 切实推进"互联网＋"政策

企业在选择大宗商品仓储物流公司时，一定选择大型、正规的仓储公司，对仓储地点、规模、外部环境、内部管理情况进行实地考察，然后签订专业的仓储保管合同，避免发生突发状况时产生法律纠纷；并且仓储企业要进一步构建"物联网"系统体系，通过在仓库安装红外感应器、传感器、全球定位系统等相关装置，形成人与物，物与网的相连，实现仓储单位可以远程控制和监控的智能网络。大宗商贸企业和质押的大宗商品金融服务企业可以通过仓储单位的"物联网"实时监控到停放在仓库中的大宗商品的现状。

二、 强化对大宗商品贸易融资的风险意识

很多大宗商品贸易融资企业在对银行质押贷款时，只看到了银行

质押贷款的巨大套利空间，被利益蒙蔽了双眼，甚至为了获得更高额贷款，在多家银行重复质押，有的企业甚至铤而走险制造虚假票据和合同进行骗贷。但是这些企业没有意识到当国际市场上大宗商品价格出现剧烈波动，价格大幅下跌时，所购买的大宗商品的市场价值就会大幅度缩水，一旦银行收紧贷款，企业就会面临资金链断裂的困境，如果不能及时解决资金问题，企业就可能面临破产倒闭的情况。所以，企业要提高对大宗商品贸易融资的风险意识，拓宽融资渠道。部分符合条件的企业可以申请股票上市，通过资产证券化的手段将原本不流通的金融资产转化为在证券市场上可流通的资本，从而获得融资。

三、 积极争取国际大宗商品定价权

我国虽然是大宗商品贸易大国，但是在国际大宗商品定价上并没有话语权，我国的贸易企业在大宗商品买卖时处于被动地位，受国际其他外部因素的影响很大。如果每个企业各自为战，那么它所发挥的力量微乎其微，无法有效地对抗国外大宗商品价格的波动。所以，国内各行业的大宗商贸企业要加强互助与合作，进一步提高行业的集中度。建立行业协会，内部相互协调合作，信息共享，在对外事务上团结一致，统一力量，提高行业在国际上的竞争力，以获得在国际大宗商品定价上的话语权。

四、 努力拓展国外资源市场

很多企业在进行大宗商品贸易时容易盲目地追涨，被外国媒体的虚假宣传误导，没有对真正的供求状况进行调查研究，不考虑我国实体企业的需求能力和国家政策的要求，认为买到的大宗商品在远期可以升值就大量买进。一旦国际市场上大宗商品价格暴跌，国内实体企业的需求能力和生产能力饱和，这些企业就将会受到严重的冲击。所以，大宗商贸企业在进行大宗商品贸易时一定要制定合理适度的贸易量，综合考虑国内实际需求和调查国外市场的确切信息，不要盲目跟风。目前，我国许多大型企业已经在国外很多地区透过收购、入股、共同开发合作等方式开拓海外资源市场，但是只是很多国有大型企业走出去了，很多中小型贸易企业由于缺乏统一有效的指导和资金，很难开拓国外市场。因此，中小型企业要通过行业协会，整合资金，对国外资源丰富的欠发达地区拓展海外市场，获得优先采购权和话语权。

五、 持续深化高新技术产业

我国作为制造业大国，一直是粗放型的生产方式，对大宗商品进行基本的初级加工，形成了一系列"三高"企业。2015 年国家提出了"供给侧"改革的要求，各企业要积极贯彻落实"供给侧"改革，进一步加大对科技创新研发的资金投入，研发改良新的生产技术。各企业要调整产业结构，对于高耗能、高污染的制造业进行升级，提高资源的利用率，建立绿色、节能、高效的新型生产模式，减少对基础资源市场的依赖性。提高企业的自主创新能力，加强对专利产品保护和高新技术产业的扶植力度，对加工的初级产品进行再加工升级，进一步增加产品的附加价值，提高核心竞争力。

第二节 推进浙江大宗商品物流企业发展的对策建议

一、 加快大宗商品物流信息服务平台建设

充分发挥国家交通运输物流公共信息平台功能作用，创新运营服务模式，整合大宗商品物流信息资源，构建跨部门、跨行业、跨区域、跨国界的大宗商品物流信息交换共享体系，打造国家级大宗商品物流公共信息服务门户。推动龙头大宗商品物流企业、大宗商品物流园区搭建大宗商品物流企业信息服务平台，促进货源、车源和大宗商品物流服务等信息的高效匹配。依托各类大宗商品物流公共信息平台，形成集大宗商品物流信息发布、在线交易、数据交换、跟踪追溯、智能分析等功能于一体的大宗商品物流信息服务中心。

二、 鼓励企业大宗商品物流业务的剥离和整合

鼓励和引导生产制造和商贸流通企业剥离大宗商品物流业务，促进企业内部大宗商品物流社会化，大力发展第三方、第四方大宗商品物流。推动现有运输、仓储、货代、联运、快递等企业加快资源整合、功能整合和服务延伸，扩大大宗商品物流服务网络，提高增值服务能力。鼓励运输、仓储等传统大宗商品物流企业向上下游延伸服务，拉长大宗商品物流服务产业链。推动省内大宗商品物流企业与国际先进大宗商品物流企业合作交流，支持大宗商品物流企业"走出去"。加快大宗商品物流企业的整合提升和兼并重组，努力形成一批综合性大宗商品物流集团、专业化大宗商品物流企业和跨国大宗商品物流企业。

三、 开展"互联网＋"大宗商品物流模式创新

利用互联网等先进信息技术手段，重塑大宗商品物流企业业务流程，创新企业大宗商品物流组织方式，提高仓储、配送等环节运行效率及安全水平。依托先进信息技术，探索发展"互联网＋"车货匹配、"互联网＋"运力优化、"互联网＋"运输协同等智慧大宗商品物流新模式，优化大宗商品物流资源配置，着力提升大宗商品物流企业大宗商品物流运输效率。

四、 强化相关政策配套支持

地方政府应积极落实支持大宗商品物流企业发展的用地政策，鼓励各地开展低效用地二次开发、大宗商品物流仓储用地租赁等用地供应方式创新。鼓励社会资本进入大宗商品物流领域，开展大宗商品物流投融资模式创新，引导银行等金融机构加大对大宗商品物流企业的信贷支持，提升对大宗商品物流企业的融资服务能力。全面清理和取消不符合国家和我省规定的各种收费项目，落实"营改增"收费公路通行费抵扣等相关政策，减轻大宗商品物流企业税收负担。进一步加

大农产品冷链大宗商品物流、大宗商品物流园区基础设施建设、大宗商品物流公共信息平台和大宗商品物流科技研发等领域的政府财政支持力度。

五、　优化大宗商品物流行业行政审批流程

按照"简政放权、放管结合、优化服务"的改革要求，制定公平透明的市场准入标准，进一步放宽大宗商品物流企业资质行政许可和审批条件，改进审批管理方式。突出大宗商品物流企业主体地位，在确保企业生产运营安全的基础上，清理、归并和精简具有相同或相似管理对象、管理事项的大宗商品物流企业和从业人员的证照资质，加强事中事后监管。深入贯彻大宗商品物流领域商事制度改革，加快推进"五证合一""一照一码""先照后证"和承诺制，简化办理程序。放宽企业住所和经营场所登记条件，落实大宗商品物流企业设立非法人分支机构的相关政策，鼓励大宗商品物流企业网络化经营布局。

第三节　推进浙江大宗商品金融服务企业发展的对策建议

大宗商品融资融合了贸易融资及供应链融资，其风险管理应满足大宗商品金融服务企业全面风险管理的要求。应当对企业面临的信用风险、操作风险、市场风险及法律风险等不同类型的风险全面综合考虑，推进大宗商品金融服务企业持续健康发展。

一、　加强企业全面风险管理

传统的风险管理以防范损失为主要内容，而全面的风险管理包括防范损失和以风险和回报为中心的两大方面的活动：其中，防范损失包括内部控制和衍生产品交易（风险对冲）等；风险和回报方面包括

定价、风险调整资本回报率等风险管理活动。大宗商品融资与传统贸易融资业务的区别在于，综合运用货权控制、保险、套期保值等风险缓释手段。针对大宗商品融资业务，大宗商品金融服务企业必须建立适应其风险特征、涵盖前中后台的风险管理体系，并结合贸易融资产品与服务创新，建立专业化的授信评审及管理机制，有效加强全面风险管理。

1. 给予大宗商品差异化的资本监管

《巴塞尔协议Ⅲ》对大宗商品融资提出了过高的资本要求，并将其相关表外资产均纳入杠杆率监管范围，不利于银行大宗商品融资业务的发展；应当充分考虑大宗商品交易标的物的风险缓释作用以及自偿性的特征，在新资本协议实施中，给予大宗商品融资更其差异化的资本及杠杆率监管，将大宗商品融资债项层面的低风险特征转化为更低的资本占用。

2. 探索泛供应链金融业务

大宗商品金融服务企业的供应链金融业务融合结算、资金管理、跨境等，形成综合泛金融产品体系。泛供应链金融业务重点聚焦供应链融资业务及供应链结算两方面业务。第一，融资业务聚焦通过核心企业、物流机构、平台企业等的供应链管理、流程控制、数据对接和增信等手段，叙作的与贸易流程相关的应收、预付、存货、流量和组合定制类的融资产品。第二，结算业务聚焦产业链中核心企业与上下游企业间交易关系中形成的活跃交易往来，包括资金划转及使现金管理产品进行支付结算的业务。

通过泛供应链金融业务的开展，大宗商品金融服务企业可以将融资产品与结算产品相结合、资产端与负债端相结合，表面看来是为供应链企业提供丰富的金融产品服务，实则通过绑定供应链上所有企业的结算现金流，利用网银结算和现金管理平台累积的基础数据进行贷前调查和贷后监测工具等风险控制，将供应链上所有企业的交易往来资金全部锁定到大宗商品金融服务企业内，真正实现现金流的有效管理，确保供应链上企业之间所有交易的还款来源，将还款风险化整为零。

3. 建立专业化的风险组织架构

我国大宗商品金融服务企业可借鉴国际同业先进经验，结合自身经验现状，搭建海内外专业化的大宗商品融资组织架构，建立健全大宗商品融资前、中、后台专业化的风险管理模式。

在大宗商品金融服务企业内探索实行风险经理全覆盖政策，安排专职风险经理做实贸易融资全过程的闭环管理，回归贸易融资业务本源，作为控制贸易融资业务风险的根本手段。专业交易银行业务涉及的贸易背景核实、应收账款核实、贸易回款监控、贸易过程管理、押品管理等作业的业务范围包括：国际贸易融资、国内贸易融资、跨境金融、供应链金融等交易银行相关业务。经办客户经理、风险经理、审批人员等按照各自岗位职责相互配合，实现全过程管理，做好贸易融资贷前调查、贷时审查、贷后管理，将贸易融资不同于流动资金贷款的背景真实性、用途特定性、资金封闭性、还款自偿性真正运用到风险管理决策。

二、 完善大宗商品电子交易金融平台建设

我国的大宗商品电子交易市场自 1997 年成立以来，发展十分迅速，目前多数基于自身的特点，发展成以融资、物流、服务等为核心的电子化平台，市场种类主要有四种，均具有进一步发展和提升的空间。

1. 大宗商品期货交易所

近 20 年来，我国已经建立了多个现货和期货的大宗商品交易所，参与主体目前主要是国内的交易商；在交易模式、产品、衍生工具创新方面积累了一定经验，并已经开始积极地国际化拓展。大宗商品期货交易所发挥了重要的价格发现和风险规避作用，为大宗商品企业规避价格波动风险，保持稳定经营，提供了有力保障。然

而，我国的交易所交易商品较为单一、交易量较小，未来发展应当多吸取国际知名商品期货交易所的先进经验，进一步完善交易结构和监管政策，继续发挥自身风险规避的作用，促进国内大宗商品交易的健康良好发展。

2. 信息资讯服务平台

信息资讯服务平台主要以大宗商品信息服务为主营业务，包括价格行情分析、交易品种分析、行业分析、其他增值服务等，不提供交易过程的监督、结算、融资或物流服务。在大宗商品现货交易中具有一定的定价功能。

3. 供应链服务平台

供应链服务平台模式为平台的交易商提供配套的融资、物流、信息等相关服务，以便更好地完成交易；同时，也需要与大宗商品金融服务企业、担保公司、物流企业等进行合作，可以与银行合作共同推进供应链金融产品的使用。

供应链金融业务支持系统平台成为近年来大宗商品金融服务企业的重点建设对象，由于供应链金融服务的自偿性，供应链金融平台利用人工智能平台，可以对供应链授信业务的用途进行逐笔监督，实现对企业运营过程中的信息流、资金流、物流的监督，同时也能保证信息的及时性、准确性，进而大大降低授信业务风险。目前，国内绝大部分银行均建立了自己的线上供应链融资系统平台，包括，深圳发展银行"线上供应链金融"、招商银行"智慧供应链金融"、交通银行"电子供应链交互平台"等。

4. 第三方服务平台

第三方服务平台是指交易平台以第二方的角色参与交易活动，为交易方提供配套平台服务，自身不参与交易当中，仅以收取手续费作为盈利来源。这类平台客户包括生产商、加工商、贸易商以及终端客户，平台充当中介，为交易方提供广泛透明的销售采购渠道、准确的信息及便捷的金融物流服务，为交易方节约成本。同时，第三方服务平台，依据国家法律及相关政策，负责监督上述交易过程，对违规行为进行处理。

第三方服务平台充分利用电子商务渠道，整合信息、交易、结算和物流等各个环节，将生产企业、流通企业、终端用户积聚到这个平台上，大大提高了效率，节约了成本，成为各行业的信息中心、交流中心、物流配送中心和结算中心。

将以上四个交易平台进行融合与延伸，对于大宗商品金融服务企业控制融资风险具有重大意义。2014年3月，上海银行业推出了动产质押信息平台，是全国首创的动产质押信息平台，该平台旨在通过对动产质押业务的全流程风险管控，降低银行信贷风险。支持钢材、铜、铝、化工产品等大宗商品的质押业务登记。通过静态仓储监管和动态联运监管确保交易货物的真实性。通过物流仓储环节管理和"大数据"共享，避免了"虚假仓单"和"重复质押"等不良行为的发生。各平台之间信息共享与平台共建，有利于未来大宗商品融资业务发展与风险控制。

三、 基于"互联网＋供应链金融"实施数据化金融

"互联网＋供应链金融"的应用虽然没有对金融产品结构和内涵带来实质性的改变，却创新了产品服务模式，提升了金融产品的操作与处理效率，改善了客户体验，提高了客户满意度。随着我国网络信息技术与银行等金融业务融合的日益深化，互联网金融将成为未来银行的竞争力，以核心企业内部系统、物流仓储系统以及银行核心系统互通的互联网供应链金融将成为未来供应链金融的发展趋势。

大宗商品金融服务企业可以探索建设互联网金融服务平台和投融资平台，通过互联网的方式，为个人和中小企业提供投资理财、融资服务和消费等全方位创新型金融服务。通过平台业务开展，将大宗商

品金融服务企业的贸易融资资产进行证券化，并通过互联网出售给个人或者企业投资者，此类贸易融资资产具有较低风险和较高稳定回报率等特点，未来逐步面向市场投放，重点面向对冲基金和养老基金等，形成一个创新型的投资市场。

四、 强化对大宗商品企业融资风险管控

第一，大宗商品金融服务企业首先要不断提高对大宗商品贸易金融风险的危机意识。目前，我国的大宗商品贸易额不断增大，很多企业将大宗商品抵押到银行获得资金周转，虽然银行的贷款利率相对较低，但是大宗商品的价格较高，银行能够获得高额的利息。很多大宗商品金融服务企业为了获得高额的利息会忽视了大宗商品贸易金融潜在的巨大风险。因此，要提高大宗商品金融服务企业对大宗商品贸易金融风险的防范意识，坚持审慎经营，时刻保持清醒的状态，不被眼前的短期利益冲昏头脑，切实有效地做好企业经营和风险控制之间的协调关系。

第二，大宗商品金融服务企业要进一步加强对大宗商品贸易融资申请的审批水平。大宗商品的现货贸易质押业务往往易被当做抵押贷款，大宗商品金融服务企业比较容易放松对企业贸易合同真实性的检查。大宗商品金融服务企业要对大宗商品贸易融资建立有针对性的、专门的质押贷款审批标准，在源头上认真、有效地控制大宗商品贸易融资的风险。将大宗商品贸易融资的审批与贷款分离开。由专门的信贷审批部门对企业质押大宗商品的融资申请进行审批，对质押的大宗商品相关单据和合同进行审查，避免出现虚假贸易情况的发生。对于融资企业的整体资产状况、资金流量、生产经营情况进行严格审查并持续关注，避免贷款后相关风险的产生。认真、仔细地审核融资企业所提交的大宗商品货物证明资料，确保货物估值的准确性，并能够到仓库现场对货物的质量、数目进行实地的检查，防止骗贷现象的发生。

第三，大宗商品金融服务企业要进一步加强对离岸企业融资业务的监控。随着经济全球化的进一步加深，很多大型公司企业为了进一步开展国际市场，树立国际企业形象，都会在国外建立离岸公司。离岸公司设立过程较快、审批手续简单、成本较低，既可以在海外加强扩张，又能使企业有效地跳过关税壁垒，获得减税。由于我国对金融市场监管相对比较严格，国内外的利率和汇率有一定的利差。很多设有离岸公司的大型企业就会利用信息不对称和国外监管宽松的有利条件，虚构转口贸易，开立假的贸易合同，通过"假贸易、真融资"来获得银行资金，进行套利和周转。因此，大宗商品金融服务企业要加强对离岸企业的监管力度，对于高风险、融资时间较长的离岸企业进行全程实时监控；并不断加强与国际间各家银行的业务交流，建立实时共享的信息渠道，增强对海外离岸公司的监管力度。

第四，大宗商品金融服务企业要进一步贯彻落实盯市制度和跌价补货制度。由于企业在对大宗商品进行质押时，大宗商品金融服务企业是根据最近的大宗商品价格给企业放贷。但是大宗商品的价格往往受到世界金融机构的投机影响，当国际市场上大宗商品价格出现大幅度下跌时，贸易企业质押给大宗商品金融服务企业的大宗商品价值就会大大减少，大宗商品质押物的市值会远远小于大宗商品金融服务企业放给企业的贷款金额。因此，大宗商品金融服务企业要进一步贯彻落实盯市制度，当发现国际上大宗商品价格出现大幅波动时，及时通知相关企业进行补仓或者先偿还一部分贷款。这样，大宗商品金融服务企业就能够及时发现金融风险并提早做好防范措施，防止金融风险的进一步传导和扩大。

第五，大宗商品金融服务企业要密切加强彼此之间的交流，信息共享。目前部分企业在对大宗商品贸易融资时为了获得更多的银行贷款，就会利用各大宗商品金融服务企业间的信息不对称，在多家银行进行重复质押贷款。因此，各家大宗商品金融服务企业要及时进行沟通交流，避免一家企业在多家银行重复质押获得大额贷款的现象。通过全面的监管系统，充分发挥"物联网"的作用，各家大宗商品金融服务企业都能够查询到企业是否已经对同一批货物在其银行申请了质押贷款业务。并且，通过该系统各家大宗商品金融服务企业也能够看到企业的总的贷款金额和负债情况，能够正确地判断是否审批贷款和及时发现风险收回贷款，从而可以一定程度上避免大宗商品贸易金融风险的传导和深化。

第四节 推进浙江大宗商品流通企业发展的政策建议

一、 有效降低大宗商品流通企业的税收负担

实施对企业的税收优惠和财政补贴政策，帮助大宗商品流通企业减轻要素成本上涨压力。首先，要继续推进增值税由生产型向消费型增值税转换，扩大大宗商品流通企业增值税抵扣范围，降低大宗商品流通企业经营者的税负，如提高业务招待费、财务费用、工资福利费等开支标准；继续调整出口退税政策，适时提高纺织、玩具等产品的出口退税率。其次，简化大宗商品流通企业纳税和退税手续，减少大宗商品流通企业的纳税环节和纳税成本，降低其实际纳税支出。再其次，建立大宗商品流通企业发展专项资金，重点扶持扩大出口、技术改造和技术创新贷款贴息或补助，奖励为大宗商品流通企业贷款担保成绩显著的担保机构。此外，实行收费目录管理制度，清理核定行政事业性收费项目，通过报刊、网络等媒体定期公布收费目录，在舆论的监督下进一步规范收费行为。

二、 克服大宗商品流通企业融资瓶颈

各级政府首先要积极构建支持大宗商品流通企业的融资体系，创新金融产品和金融机构，拓展大宗商品流通企业的直接融资渠道，其中包括尽快推出创业板市场，壮大风险投资，鼓励民间天使投资，建立专为大宗商品流通企业服务的科技银行、社区银行、小额贷款银行

以及村镇银行等新型金融机构。其次，完善对小企业信贷考核机制，并推进建立以信用记录征集、调查、评级为主要内容的大宗商品流通企业信用制度。再其次，各级政府可以利用税收等财政政策工具向专门为大宗商品流通企业提供金融服务的商业银行和金融机构提供资金和税收支持。此外，还应建立和完善大宗商品流通企业融资担保体系，切实加大对大宗商品流通企业信用担保机构的财税支持，鼓励和支持设立大宗商品流通企业担保机构，建立担保机构的资本补充机制，提高担保机构风险防范能力和融资担保能力，鼓励担保机构降低担保收费，降低企业融资成本。

三、　加快大宗商品流通企业服务平台建设

建立公共服务平台，推动大宗商品流通企业社会化服务体系建设。首先，各级政府要落实好大宗商品流通企业服务体系建设专项规划，重点加强信用担保、技术创新、创业培训、市场开拓、管理咨询等服务，为大宗商品流通企业提供全方位的服务。其次，引导和支持融资担保、管理咨询等大宗商品流通企业服务机构，建立一批融资信用、创业基地、共用技术、培训等社会化公共服务平台。再其次，组织实施大宗商品流通企业信息化工程，为大宗商品流通企业提供政策、金融、商务、市场等服务信息，提高大宗商品流通企业的管理水平、生产能力和市场竞争力。此外，各级主管部门要积极搭建银企合作平台，向金融机构大力推介技术改造项目、名牌培育工程和成长型大宗商品流通企业等重点项目，促进银企合作。

四、　建立省域大宗商品价格监测平台

大宗商品流通企业是工业企业中受原材料和市场价格冲击影响最大的企业，无论是原材料价格变化还是市场价格变化，均会对企业生产经营造成重大的影响。尤其要对浙江省工业企业影响程度较大的金属矿产品、非金属矿产品、石油化纤和棉纺织品价格，应重点监测。

在跟踪监测的同时还应该"跳出价格看价格"，把国内外经济波动、货币环境、投资增长、进出口情况等宏观经济变化与价格运行紧密联系，既分析市场供求等直接因素，又注重价格运行背后深层次原因，从而对大宗商品企业提出针对性政策建议。

第六章

浙江省大宗商品流通行业典型案例研究

第一节 甬商所商业模式创新案例研究

一、甬商所概况

宁波大宗商品交易所有限公司（简称甬商所）是由宁波市人民政府批准，并经中国证监会（国务院部际联席会议）备案的综合性现货商品交易所。甬商所成立于 2011 年 8 月，由宁波开发投资集团有限公司、宁波市国际贸易投资发展有限公司、宁波港集团有限公司三家国有企业共同出资组建，注册资本为 2 亿元人民币。2012 年 9 月，国家发改委发文公布了国家电子商务试点项目名单，宁波大宗商品交易所是唯一一家以大宗商品电子交易、金融服务为重点的试点项目。试点主要内容是以建设大宗商品电子交易、金融服务、客户关系管理系统，为企业开展金属、化工、能源、矿产品、稀土、农林产品等品种的大宗商品现货电子交易提供服务为主。试点项目将是通过大宗商品交易模式的创新以及金融服务的创新来完善整个电子交易服务体系，为广大交易商提供更为高效、快捷、安全的服务。

宁波市人民政府专门设立宁波大宗商品交易所监督管理委员会，对交易所的交易规则、上市交易品种、客户备付金以及高级管理人员进行监督和管理，确保交易所稳健规范运行。甬商所与建设银行、工商银行、农业银行、中国银行、光大银行、浦发银行、招商银行和宁波银行建立第三方存管业务，确保资金安全、高效。宁波大宗商品交易所将严格按照"公开、公平、公正"的原则开展业务，力争成为国内最具公信力和权威性的商品现货交易所。甬商所主要上市交易能源、金属、化工、矿产品、农林产品等大宗商品，目前上市品种主要有阴极铜、聚氯乙烯（PVC）、白银铜、液化天然气（LNG）、牛蓝湿革、黑木耳、原油、水貂毛皮等，截至 2014 年 8 月共实现累计交易额 5 858 亿元，初步形成了集交易、物流、信息、金融等功能于一体的综合性现货交易服务体系。

甬商所以"稳健、创新、分享"为核心价值理念，以建设安全、公平、高效、具有国际影响力的综合性现货商品交易所为长期战略目标，利用电子商务平台，创新互联网时代大宗商品贸易、供应链、投资的新模式，实现了"互联网＋商品＋金融"一体化服务，提高流通效率，降低流通成本，助推传统产业和国民经济转型升级。

二、 甬商所商业模式创新的策略分析

1. 探索现货递延交易模式，开启大宗商品智慧贸易时代

现货递延交易，是指交易商通过交易所电子交易系统进行交易商品的买入或卖出申报，由电子交易系统配对成交后自动生成电子交易合同，经交收申报配对，确定交收日期，履行合同的交易方式。基于对专业市场运营机理、互联网技术和电子商务的深刻理解，甬商所推出了集竞价交易、商城挂牌交易、中远期交易功能和优点于一体的现货递延交易模式，在金属、能源、化工等大宗商品领域进行全新探索，使大宗商品中远期市场有序回归现货，成为互联网时代专业市场集约化、网络化、智能化发展的方向。

（1）每日交收制度，满足企业现货需求。现货递延交易中设计了每日交收的制度，企业可以根据自身需求提出交收申报，配对成功即能当日提货交收；没有即期现货需求的企业无须提出交收申报，待有现货需求时再提出交收申报即可。这种灵活自主的每日交收制度，既满足了企业的现货需求，又帮助企业合理安排库存，减少资金占用，

降低存货成本，同时也实现了锁定价格、规避风险的需求。针对提出交收申报但未能获得（交付）货物的企业，现货递延交易中设计了递延补偿费制度，与经济合同中的"违约金"对接，通过经济补偿，维护各方利益。

（2）全程电子商务，提高企业运营效率。现货递延交易通过电子商务实现集中交易，提高市场流动性。交易商只需根据自己的需求进行价格申报，按照"价格优先、时间优先"的原则进行撮合成交，省去了搜寻交易对手的时间和费用。履约保证金制度与经济合同中的"订金（或预付款）"对接，建立了以交易所为核心的可信交易环境和违约保障机制，确保合同真实有效和完全履行，为企业减少资金占用，降低交易成本，提高经营效益。电子仓单使货物入库申请、货权过户、提货申请等业务操作因信息化变得安全、高效和便捷，实现了商流和物流信息的无缝对接，不仅降低了物流成本，也为货物就近配送、物流金融等业务的开展提供信息支撑。

（3）公平交易环境，形成公允现货"锚价格"。现货递延交易为全国各地的企业提供了一个公平、透明的交易场所，企业在自身完成交易的同时向市场中的其他人发布了真实可信的价格信息。这种交易方式改变了传统交易模式的信息私密性，建立了"我为人人、人人为我"信息良性循环和分享机制。电子商务集聚的真实信息，通过网络等多种方式向行业公开发布，有利于形成全国性的公允现货市场价格，成为期货市场的"锚价格"，更好发挥了市场资源配置作用。

（4）智慧贸易模式，推动专业市场集约化发展。以"互联网＋智能终端"为载体的现货递延交易，实现"标准化交易＋个性化交收"的有机结合，能为各类大宗商品提供电子商务解决方案，因而被誉为大宗商品的智慧贸易模式。交易所作为交易结算的中介，结合商业银行的资金三方存管服务，提升供应链金融服务的广度、深度和效率，解决中小微企业融资难、融资贵的问题；商流、信息流、资金流的网络集聚，从根本上摆脱了市场建设对土地、资金等要素资源的过度消耗和约束，推动专业市场向集约化、网络化发展；与政府部门建立大宗商品市场的信息共享机制，有效促进企业诚信守法经营，提高政府制定宏观经济决策的及时性、针对性和准确性。

2. 创新探索期现市场对接模式，完善多层次商品市场建设

长期以来，期货与现货市场无法进行有效的衔接，从结算清算到仓储物流之间缺乏专门的制度设计和监管规范，无法充分发挥期货市场套期保值与现货市场定价功能的有机结合。

为降低现货企业参与成本、促进期现对接，2014年，大商所与甬商所、浙江省国际贸易集团物流公司（以下简称"浙江国贸"）开始探讨聚氯乙烯（PVC）仓单在两市场间转换的可能性。2015年3月，大商所与浙江省金融办签署战略合作协议，为此次三方业务合作打下了基础。2015年5月初，三方在宁波组织召开了"期现仓单转换业务研讨会"，进一步推动了相关工作。2015年8月20日大商所与甬商所、浙江国贸在杭州签署聚氯乙烯（PVC）期现仓单转换业务三方协议，启动PVC仓单在两所间的转换试点业务。大商所和甬商所将先期通过浙江国贸开展两所间PVC仓单转换试点业务。协议对仓单转换试点业务中仓单转换程序、试点交割仓库服务及监管等进行了详细约定，并明确三方严格按照国家有关政策要求及大商所、甬商所现有业务规定和协议，对仓单转换业务进行管理。

（1）仓单转换程序。客户先在大商所（甬商所）仓单管理系统中，按照大商所（甬商所）的仓单注销程序办理仓单注销；经试点交割仓库确认后，再按照甬商所（大商所）注册流程办理仓单生成，并计入相应仓单管理系统。

（2）试点交割仓库。试点交割仓库是指在现有交割地点中，经大商所、甬商所审定的，为该业务履行交收的共同指定交割地点。目前确定了三个仓库，分别是杭州半山仓库、海宁钱江仓库和嘉兴仓库，仓库的监管单位为浙江国贸。

3. 推动竞价交易电子化，有效拓展市场地理空间边界

竞价交易就是招标拍卖的电子化、网络化，从浏览商品、下单购买、确认付款到提货验收，这种简洁明快的交易流程基本符合传统交易习惯，适合标准化程度低、个性化的商品开展电子商务。该类交易模式扩大了可参与群体的范围，使市场的地理边界得以延伸，市场辐射面得以扩张，有利于降低交易成本、促进商品流通，对传统现货批发市场改造与提升具有一定意义。

甬商所的竞价交易分为竞买和竞卖两种模式，在交易中，参与竞价的交易商通过轮番出价的方式进行竞价。竞买交易是指当竞价结束时，销售委托人将商品出售给出价最高的竞价人的买卖方式；竞卖交易则是指采购委托人向出价最低的应价者采购所需商品的买卖方式，整个过程公开透明。招标交易与竞价交易不同，招标交易中，各参与投标的交易商只能进行一次价格和数量的投标，且不能看到其他交易商的投标情况。竞价与招标交易在传统贸易中应用广泛，运作成熟，适用于多种不同类型的商品，具有良好的市场基础。甬商所将传统的贸易模式与电子商务相结合，通过流程再造和突破创新，实现了竞价、招标交易的电子化。这将有利于众多非标准化的商品实现线上交易，为广大的企业提供了新的销售渠道和采购平台，扩大了交易的参与群体，降低了交易成本。同时，所有交易商都在同一平台进行竞价，公开透明，简化了烦琐的流程，避免了暗箱操作的可能，帮助企业运用电子商务手段提升管理水平，降低营销成本，提高经济效益。因此非常适合诸多大宗物资的集中采购和销售。

4. 因势利导，首推液化天然气（LNG）电子交易合同

2012年天然气在世界能源一次消费比重中已达24.4％，与石油的33.8％和煤炭的30.5％非常接近。而我国天然气消费量虽然年均增长16％，但在一次能源消费构成中比重仍不足5％，与世界平均水平相去甚远。近年来，随着实体经济持续下行，LNG下游整体需求呈现低迷状态，而新建LNG工厂集中投产，使国内供大于求的格局进一步加剧。发展 LNG 电子交易市场，有助于缓解我国在 LNG 国际贸易市场的被动局面，对加快形成国内市场现货价格具有重要意义。甬商所创新推出的 LNG 电子交易，是现代化的电子交易方式与 LNG 传统贸易特点的结合，是天然气价格市场化进程中的重要一步，是完善 LNG 贸易体系的重要举措，将为国内 LNG 现货市场带来重大的变革性意义。在目前下游需求不济、上游产能过剩的情况下，采购企业可以通过甬商所电子交易平台逢低买入，锁定采购量，保障日后特别是冬季用气高峰时气源的稳定供应。自 2013 年 12 月正式上线交易以来，甬商所已经聚集了近百家积极进行电子交易的客户，日均成交量超 20 000 手，截止到 2014 年 6 月底，累计交易额达 12.64 亿元。甬商所创新推出的 LNG 电子交易，除了锁定价格、保障气源、保证利润的优势功能外，其创新亮点还体现在以下几点：

（1）打破空间界限，扩大交易范围。随着 LNG 工厂的不断投产，国内 LNG 贸易的物流半径不断缩小，但甬商所 LNG 电子交易，有效打破了传统贸易的地域限制，只要价格合适都能成交，实现了全国甚至国际性的 LNG 在线交易，为企业带来更多的贸易机会。

（2）全程电子交易，提升交易便捷性。甬商所运用先进的电子商务技术，实现了 LNG 交易交收的全程电子化，交易商只需登陆交易客户端进行相应操作，即可完成商品的交易和交收，流通效率大大提升。另外，甬商所根据集中交收日的不同，推出了 6 个 LNG 交易品种，为交易商提供更加丰富的交易选择，提升交易灵活性。

（3）自主选择交收，提升贸易灵活度。甬商所采用集中交收和提前交收相结合的交收方式，集中交收是指在甬商所规定的期限内完成交收，这将帮助企业锁定销售量或采购量，有助于企业的稳定经营，降低风险。提前交收是指允许交易商在集中交收日前进行交收，这可帮助企业解决突发事件，如某工厂在 7 月出货情况不佳，库存液位持续升高，他们就可以提出申请进行提前交收。

（4）货物配送机制，降低行业物流成本。针对 LNG 产品难以储存，没有物流中转的仓储，运输成本高等特点，甬商所不设立交收仓库，买卖双方自主选择交收对手，以买方自提或者卖方配送的方式，实现点对点的物流对接，杜绝迂回运输，实现了 LNG 即时生产、即时消费，同时又打破交收仓库的局限，降低了企业物流成本。

（5）第三方监管机制，减少违约事件发生。传统贸易模式中，买卖双方的交易行为缺乏有效的监管机制和制约机制，导致违约行为频频发生。甬商所采用交易所集中清算的方式开展 LNG 交易，采用逐步提高履约保证金的形式来控制交易商的交易行为，有效保障了买卖双方的资金安全和货物安全。

5. 创新合作模式，抢占 PVC 市场价格话语权

中国是 PVC 的第一大生产国和消费国，而 PVC 又是五大合成树脂——聚乙烯（PE）、聚氯乙烯（PVC）、聚苯乙烯（PS）、聚丙烯（PP）和 ABS 树脂中消费量最大的一个，作为氯碱工业的核心，PVC 市场需求及价格波动关联着整个氯碱行业的命运。与我国在世界石油和化学工业中的重要地位相比，我国石化企业还没有形成具有国际影响力的交易品种和交易平台，缺乏应有的话语权。

宁波华耀化工新材料股份有限公司（以下简称"宁波华耀"）是国内知名的化工、塑料贸易商，与国内多家知名的 PVC 企业建立了合作关系，并拥有广泛的分销渠道。甬商所和宁波华耀合作，推出 PVC 电子交易平台，甬商所将作为平台运营商，而宁波华耀将作为平台服务商，双方还在运营、信息、物流、金融、服务外包，以及相关专业人才培训等领域进一步深化合作，共同推动 PVC 电子交易发展。针对 PVC 品种的行业特点和贸易习惯，甬商所推出的是 PVC 现货递延交易，充分利用其"电子化公开报价＋每日选择交收"的制度优势，并在交易、交收、融资等环节上进行了四个方面的创新：

（1）保证金交收申报方式。PVC 品种在交易过程中，只需要具备足够的保证金便可提出交收申报，相对于以往的足额货款申报条件，大大降低了对资金的要求，有利于参与企业提高资金的使用效率，提

高交收申报的灵活性。

（2）浮动递延交收补偿费率。PVC品种采用浮动递延交收补偿费率的模式，费率随着买卖双方交收申报情况的变化进行调整。这一制度能够更好地根据市场条件的变化调节供需关系，更加符合市场的需求和参与企业的利益。

（3）个性化供应链金融。针对PVC交易的特点，甬商所与民生银行进行深度合作，针对PVC交易提供50亿元的供应链流程授信，将为参与PVC交易的企业提供便捷高效的融资服务，解决中小企业的融资难问题。

（4）提供厂库交收模式。针对PVC产量较大、产地分散的特点，并充分考虑PVC的运输要求，甬商所特推出厂库交收的模式。在该模式下，重点生产企业的自有仓库成为交易所指定的交收地点，一方面符合PVC的贸易习惯，另一方面也有利于企业降低物流成本。

与期货市场具有的套期保值和发现价格的功能与作用不同，甬商所PVC现货电子交易平台的功能与作用更多的是提高PVC流通效率，降低社会综合成本。随着全国范围内交易商的广泛参与，买卖双方都在平台上按照自己心目中的价格出价进行交易，必然形成市场所能接受的即期和远期价格。这样就形成和发现了对现实生产与贸易有实际指导意义的价格。而PVC交易市场的价格发现与形成机制，有助于国家为宏观、微观的经济政策提供帮助。期货市场与现货市场有序发展，互为补充，能够更好地推动中国大宗商品向更高层次发展，也有助于"中国价格"在世界PVC市场发出强有力的声音。

6. 拓展投资渠道，开发现货白银交易品种

为了契合当前市场对贵金属投资的需求，甬商所推出现货白银投资，实实在在为广大投资者提供了一种低门槛、低成本的新型理财方式。白银作为贵金属投资，由于其传统的价值属性，是国际市场上ETF基金的重要投资品种，在国内也早已进入百姓的理财领域。甬商所推出的现货白银投资不仅迎合了当下的市场需求，而且还具有以下

几点创新和亮点：

（1）全时段交易，更多投资机会。由于股票、期货等平台的交易时间主要都设在白天工作时间，这让白天忙于工作的上班族无法有效参与。甬商所的现货白银实行全天候交易并开设夜盘，让上班族在业余时间，也能够轻松进行投资理财。另外，国内白银价格受国际银价的影响很大，而晚上又是国际银价波动最为剧烈的时候，全时段交易使得投资者不仅能规避价格波动风险，而且能抓住更多投资机会，博取更多的投资收益。甬商所开通的手机"掌上财富"客户端，使投资者能够随时随地进行交易，遇到任何时段的大行情时，再也不用望洋兴叹了。

（2）参照国际行情，不含税价交易。甬商所的白银行情与国际价格同步，并与包括 LME 白银、COMEX 白银等主要市场的交易时间接轨，有利于投资者参考全球宏观的走势，抓准趋势后顺势而为。另外，甬商所的现货白银采用不含税价交易（一般交易所的白银价格为增加 17％税费后的价格），这不仅一定程度上降低了交易成本，而且更有利于价格的国际化。

（3）实物交收方便，满足多种需求。为了方便投资者参与到现货白银的商品投资中，甬商所开通了投资者（个人）交收服务，且不增加其他各类手续费（一般交易所需加收一定的各类费用）。只要在甬商所下单买入，在交收申报配对成功后，便可去宁波天一绿洲珠宝行提取工艺级投资银条，既方便快捷，又满足投资者的投资收藏需求。甬商所还通过设计、精加工制作等附加值服务，全面实现"标准化交易，个性化交收"一条龙的服务模式，为客户营造更好的消费体验。对使用白银的工业企业来说，甬商所还提供工业级的标准白银银锭。

（4）标准合约任意选，交易更加灵活。为满足不同客户的需求和风险偏好，甬商所现货白银特推出 5kg、30kg 两种合约，方便不同群体客户选择交易。小资金试水的投资者可以选择 5kg 合约，资金压力小，交易成本也相对低，且能够有效控制风险。而有经验且资金充裕的投资者，则可以选择 30kg 合约，快速完成大数目的交易，抓住稍纵即逝的投资机会，实现可观的投资收益。

（5）交易成本低廉，资金使用率高。与在实体店购买白银不同，甬商所的现货白银采用的是保证金交易的模式，客户只需 16％的保证金即可完成交易。具体说来，只需 1 000 元不到，既可以参与 5kg 合约的白银交易，从而大大降低了入市的门槛，有利于普通老百姓参与。与此同时，甬商所白银采用的是 T＋0 的交易模式，在订立的当天就可以进行转让，一笔资金可以在一天内重复多次使用，从而使得资金的利用率大大提高，十分有利于中小投资者进行灵活的操作。

借助 B2B、B2C 的集合化电子商务平台，甬商所白银现货的标准化交易、个性化交收模式，能够实现新型的产业聚集，以交易为纽带，带动设计、加工、市场资源集聚和整合，将促进白银上下游企业的共同发展，有利于提升大宗商品流通效率，降低社会综合成本，将对当地经济发展和转型升级产生积极影响。

7. 开辟皮革电子交易，助推皮革产业转型升级

近年来我国皮革行业快速发展，2012 年我国轻革（猪牛羊革）产量达 7.47 亿平方米，总产值达 1 705 亿元。随着经济的快速发展、城市化进程的加快、城乡居民可支配收入的不断提高，对于皮革产品的需求迅速增加。然而，我国皮革行业在快速发展的同时也面临诸多问题。首先，皮革行业对外依存度高、议价能力低。原皮或蓝湿革在制革企业的生产成本中占比高达 70％甚至 80％，但原皮来源一半需要进口，且国内制革企业对外议价能力低，生产成本受制于国外大型屠宰场。当原材料价格上涨时，制革企业生产成本上升，却无法及时涨价向下游鞋厂、服装厂转嫁风险；当原材料价格下跌时，又存在存货跌价风险。因此皮革相关企业特别是制革企业具有较强的避险需求。其次，皮革质量标准不规范，质量纠纷多。我国皮革行业普遍面临国内采购的原皮质量参差不齐，没有统一的质量和定价标准，容易引发质量纠纷，并为制革企业日后的加工和贮存带来一定麻烦。最后，企业面临资金、成本双重压力大。皮革贸易商数量众多而规模较小，经营上又具有较强的季节性，对资金的周转需求较大。面对行业竞争和下游企业，拖欠款现象时有发生，且通常是现金出去，承兑汇票进来，资金流动缓慢，加上国内金融体系对中小企业的扶持力度不够，皮革企业发展面临资金"瓶颈"。同时，近年来受劳动力成本、土地成本、汇率等多重因素影响，企业成本增加，利润下滑。

未来很多年内仍然是皮革产业发展的大好时机，但是面对目前发展中的困境和挑战，企业必须转型升级。为此，甬商所和海宁皮革行业紧密合作，开展牛蓝湿革现货电子交易，牛蓝湿革现货电子交易平台的上市是大宗商品交易品种延伸的一大创新尝试，更是促进皮革行业转型升级的新举措，通过发挥甬商所大宗商品交易平台优势，帮助企业破解困局，为企业争取更大的发展空间。甬商所牛蓝湿革现货电子交易的优势和创新主要体现在以下几个方面：

（1）填补原材料电商化采购空白。随着互联网经济的蓬勃发展，皮革成品行业如皮鞋皮衣通过淘宝、天猫等电子商务平台实现了销售收入几何级的增长，但作为原材料的原料皮革或者蓝湿革，仍然没有C2C或B2C交易平台，也没有大宗商品电子交易平台覆盖这一块。甬商所牛蓝湿革现货电子交易平台的上线正是填补了这一空白，使皮革行业从上游到下游形成了较为完整的电子商务产业链。通过原材料电商化购销，便捷购销方式，简化购销流程，降低中间成本损耗，为企业利润腾挪空间。

（2）提供规避价格波动风险的平台。蓝湿革购销具有明显的季节性和周期性，对外依存度高，价格波动较大，对皮革企业的利润带来较大波动。甬商所推出牛蓝湿革现货电子交易平台，有利于企业把握行业供需和价格态势，合理安排采购、生产和销售，实现对传统贸易的价格风险规避，促进企业平稳发展。

（3）有助于规范行业质量标准。蓝湿革虽然有国家标准，但由于产品本身标准化程度低，贸易过程中执行不严，存在诸多质量分歧。

甬商所在国家标准基础上，广泛征求多家制革企业，以及皮革研究院、皮革协会等业内机构的意见，制定了行业接受度较高的交收质量标准，降低交收过程中产生的质量纠纷。这对宣传推广蓝湿革国家标准和行业标准，规范和引领行业发展具有重要意义。

（4）保证金交易降低企业资金压力。甬商所电子交易平台采用保证金交易，买方可以用小部分资金实现订货；同时规定在开始货物交收的四个交易日内完成买卖双方的票货款流转，保障卖方能及时安全地回笼资金。贸易商资金流转更加顺畅，减轻资金压力。

此外，针对牛蓝湿革贸易现状，甬商所经过充分调研，设计了贴近行业需求的交易交收制度。如每交易单位设为100平方英尺/手，合约价值约1 200元，最低履约保证金8%，大大降低了企业参与的资金成本；最小交收单位10 000平方英尺，每笔交收量须为10 000平方英尺的整数倍，符合传统贸易习惯。甬商所还为皮革相关企业提供交易、物流、金融、信息一体的全过程、全方位服务，解决皮革行业在实际贸易中的诸多困境，促进皮革产业的转型升级，推动皮革产业健康可持续发展。

8. 强化功能创新，推进大宗商品电商化

甬商所不断创新交易功能，加快推进大宗商品电商化步伐，相继推出继电子仓单、全天候交收、交收电子确认、交收基差、竞价自主报价等功能，使得参与企业享受到更加人性化、个性化的交易体验，整个交易过程将更加便捷和高效。甬商所能够实现各类大宗商品的当天交易、当天提货、当天收款服务，实现交易交收的全程电子化，正是应用了这些成熟技术的无缝组合。

（1）电子仓单。在电子仓单管理系统中，仓单将以电子方式存在，会员、投资者和指定交割仓库可以通过因特网来办理各项仓单业务。甬商所于2012年10月20日正式上线的新电子仓单管理系统，成功完成了第一笔全程电子仓单交收业务，从而实现交易交收全程电子化。电子仓单的运行标志着甬商所物流管理迈上了新台阶，交收效率和安

全性将得到大大提高，从交收配对到提货的处理时间缩短到 1 小时以内，真正为客户提供了高效、便捷的交收服务。同时，电子仓单管理系统还有多重密钥认证，在交易所、仓库和交易商的多重审核、监管下，大大增强了交收的安全性，最大限度保障了客户利益。

（2）全天候交收系统。2014 年 1 月 6 日，甬商所"全天候交收系统"正式上线，成为全国首家实现实时交易交收功能的现货商品交易所。在期货交易所，一个月交割一次，而在甬商所，"全天候交收系统"上线后，不但每天都能交割，而且一天内还不限次数，随时随地买货卖货，节省了大量的物流成本。通过"全天候交收系统"，客户还能自主选择货物的交收仓库、品牌等，这与传统的贸易方式完全一样，买卖双方对货物交收地点、仓库和品牌等信息的公开，以及无条件交收的自主选择，进一步帮助企业掌握交收主动权，大大提高了交收效率，降低物流成本。

（3）交收电子确认。"交收电子确认"功能是指交易商通过在线操作（交易客户端）完成交收相关流程，包括卖方发货通知、买方数量确认、买方质量确认、卖方开具发票通知等功能。这一功能的实现意味了大宗商品交易交收全程无纸化的"最后 1 公里"被顺利打通，这彻底结束了半纸质半电子化的大宗商品交易方式，全面提升贸易流通效率。

（4）交收基差。"交收基差"功能是对条件交收功能的完善，企业除可以自主选择交收地点、仓库和品牌外，还新增了"价格再申报"功能，最终价格由买卖双方共同确定。此功能将先应用于阴极铜，随后向其他品种铺开。

（5）竞价自主报价。"竞价自主报价"实现了竞价交易中发起方能够自主设定"起报价"和"报警价"，并选择交易时间段，简化了以往需要提交书面申请的烦琐程序。

9. 创新融资服务，拓展企业贸易融资渠道

传统金融机构的融资过程成本过高且成功率低，使得融资难的问题一直困扰着中小企业的发展。为化解企业融资难，畅通融资渠道，甬商所与各大银行深化合作，针对中小企业融资"短、小、频、急"等特点，突破传统融资方式，创新推出符合企业需求的融资服务。在甬商所，客户的银行承兑汇票、注册仓单、拟交收仓单（俗称"订单融资"）、银行保函等都可作为抵押物，并且当天即能获得资金，有效解决传统融资机构融资门槛高、受理程序烦琐等弊端。加上甬商所实行双向、T＋0、每日交收等交易机制，使得企业交易、贸易更加顺畅，也更有利于企业规避市场风险，管理库存，获得更多的投资机会。

仓单质押融资是指交易商将注册仓单或拟交收仓单作为质押向出借人申请，获得融资的业务。优点在于准入条件低，放款周期短，手续简便快捷。

银行承兑汇票和履约保函融资是指交易商将银行承兑汇票或银行履约保函抵押用于支付交易保证金或货款的融资业务。交易商提交申请后，最快当日即可支付保证金或货款。

三、 甬商所商业模式创新的启示

1. 以客户需求为中心，提高服务水平

企业要达到持续提升赢利能力和附加价值，最核心的战略就是要对企业的商业模式进行创新和重塑。商业模式创新要求强化为客户提供服务的观念，深入研究客户行为，了解客户习惯和偏好，精确判断客户需求，注重客户体验，充分实现客户价值。提升客户服务水平意义重大，客户是连接企业与广大消费者的桥梁，在反映市场、满足市场、沟通信息等方面都发挥着重要作用。提升客户服务水平最终目的是做到客户满意，而提高客户满意度，其关键是提高客户服务水平。

重视客户需求，是甬商所商业模式创新成功的关键因素。早从2014 年 9 月起，甬商所便先行尝试了"电商换市"的创新商业模式，在"电子交易"形式之下，企业客户只需根据自己的需求进行价格申报，系统将按照"价格优先、时间优先"的原则进行撮合配对，省去

了搜寻交易对手的人力和物力，帮助企业扩大了客户群体规模；"电子仓单"则帮助企业客户通过在线操作（交易客户端）完成交收全流程，从交收配对到提货的处理时间缩短到 1 小时以内，真正为企业提供了高效、便捷的物流服务。

2. 以企业联盟为支撑，重视合作创新

商业模式创新要求充分认识企业产业链上下游以及利益相关方的优势、劣势和赢利需求，利用行业特有的资源和技术优势，构建利益相关方共同参与的一体化服务体系，建立产业联盟，开展合作创新，实现共赢的局面。合作创新通常以合作伙伴的共同利益为基础，以资源共享或优势互补为前提，有明确的合作目标、合作期限和合作规则，合作创新既包括具有战略意图的长期合作，也包括针对特定项目的短期合作。合作创新能实现创新资源的互补和共享，降低创新的风险和成本。

为降低现货企业参与成本、促进期现对接，2015 年 9 月，甬商所和大连商品交易所合作开展了期现仓单转换试点业务，两家交易所共同期现仓单互换业务的试点品种为 PVC，其相通的交割服务体系，为仓单互换奠定了良好的合作基础。而在 PVC 仓单互换、仓单融资，以及构建多层次商品或衍生品市场和服务实体经济方面，双方有共同的诉求和发展目标，从而推动甬商所成为国内首家与期货交易所试点仓单转换的现货交易平台。此外，甬商所还和宁波华耀化工新材料股份有限公司合作，推出 PVC 电子交易平台，甬商所将作为平台运营商，而宁波华耀将作为平台服务商，双方还在运营、信息、物流、金融、服务外包，以及相关专业人才培训等领域进一步深化合作，共同推动PVC 电子交易发展。通过战略合作，实现了企业双赢的效果。

3. 以电子商务平台为载体，开展一站式综合服务

在大宗商品领域，化解过剩产能成为改革重点，许多企业选择了大宗商品电子交易市场作为转型升级的重要平台。作为国家发改委的国家电子商务试点单位和电子商务交易技术国家工程实验室，甬商所目前已经形成了一整套完整的运营体系，搭建了全面的服务框架，在市场树立了良好的口碑。甬商所开创的"电子交易＋电子仓单＋全天候交收＋基差交收"智慧贸易新模式，真正为企业提供了高效、便捷的物流服务，提高流通效率，降低流通成本。依托良好的产业优势，着力于服务实体经济，加上持续不断的创新，甬商所走上了发展的快车道。

作为一家集交易、交收、仓储、运输、信息、融资服务为一体的综合性现货商品交易所，甬商所不断推陈出新，适时推出了现货递延交易模式，利用互联网技术将电子商务与传统现货贸易相结合，对传统市场流通环节进行再造，提高了交易效率，降低了交易成本，并产生了传统市场交易方式所不能实现的功能。甬商所合理利用交易、结算、物流三者的有机结合，与银行及其他金融机构进行合作，创新金融服务理念，开展仓单质押和未来仓单质押等双向融资服务。为银行提供质押物监管、价格评估和资金封闭运营监管等多种服务，一方面提高了银行的放款效率，降低了贷款风险和贷审成本，另一方面满足了贸易企业对流动资金"周期短、时间急、次数多"的融资需求，为中小企业开辟了快速的融资渠道。

第二节　中国塑料城转型升级案例研究

一、　中国塑料城概况

中国塑料城位于余姚市区北部，成立于1994年，总规划占地面积3.25平方公里，现有建筑面积33万平方米，市场交易品种10 000余种。早在2011年，中国塑料城经营企业达1 830家，市场交易额818.5亿元（现货市场交易额416亿元，网上市场交易额402.5亿元），交易量639万吨（现货市场交易量297万吨，网上市场交易量342万吨），上缴税费3.3亿元。2016年中国塑料城实现总交易额920亿元，比2015年增长6.4%，交易量860万吨，同比增长7.9%。据统计，2016 年塑料城共有企业 2 450 家，比 2015 年增加 47 家；销售 2 000万以上企业 285 家，比 2015 年增加 17 家；销售破亿元企业 71 家，比 2015 年增加 1 家。中国塑料城先后获得"中国商贸流通先进单位""全国商品交易市场系统文明诚信经营示范市场"等荣誉称号，连续七年获宁波市服务业百强企业第一位。中国塑料城已成为国内最大的集塑料原料销售、塑料信息发布、塑料会展、塑料机械、塑料模具、塑料制品及其他辅助材料于一体的专业生产资料市场。

经过历年的拼搏开拓，中国塑料城已取得累累硕果，并被评为中国商品交易市场系统文明诚信市场、中国交易市场最具影响力品牌、中国商品交易五星级市场，进入中国商品专业市场竞争力 50 强，被商务部列为第一批全国重点联系市场，入选全国最具品牌价值商品市场 50 强，被评为 2010 年浙江省百强企业综合第三名，服务业百强企业第二名。中国塑料博览会被评为中国 100 个最具影响力的品牌会展之一、中国十大最具影响力的品牌展会。

中国塑料城市场功能不断增强，经营环境不断优化。市场拥有良好的仓储、物流系统；信息中心和塑料网上交易市场两大电子商务平台开创了现代交易新模式，实现了有形市场和无形市场的结合。其中于 2004 年 9 月创建成立的浙江塑料城网上交易市场，经过 10 多年的创新，已经发展成为集塑料电子交易、结算和信息服务为一体的电子商务服务平台，成为目前国内最大的塑料电子交易市场。"塑料全程电子商务"课题，被列入国家科技支撑计划项目，成为首个列入国家科技支撑计划的塑料电子商务项目。发布的中国塑料价格指数和中国塑料市场库存报告，全面、真实地反映市场价格运行轨迹，成为塑料行情风向标。

为进一步加快发展中国塑料城，实现"做大、做强、做专"中国塑料城市场这一目标，2006 年以来，余姚市委、市政府对中国塑料城的加快发展作出了一系列重要的战略决策：调整了中国塑料城原有的管理机构，成立了中国塑料城管理委员会；研究制定出了中国塑料城十年发展战略规划；出台了《关于加快推进中国塑料城发展的若干政策意见》等配套扶持政策；成立余姚市塑料行业协会（中国塑料城商会）组织；成立了宁波科技公共服务平台——中国塑料城塑料研究院；进行塑料网上价格指数的课题研究并成功发布；陆续新建中央商务区、中央世纪大厦、中塑商务楼等重大项目；2010年，《浙江海洋经济发展示范区规划》全面实施，中国塑料城项目被列入省政府"三位一体"港航物流服务体系重点建设项目；2011年市委又作出了《关于进一步加快中国塑料城转型升级跨越发展的决定》。

按照"转型升级、跨越发展"的总体要求，塑料城将牢牢抓住省政府"三位一体"港航物流服务体系建设机遇，深入实施"外部拓展与内部改造相结合、产业延伸与市场提升相联动"的发展战略，加快推动市场向原料经销、商品展销、信息集散、电子商务、产业集群、产城联动等复合型、多功能方向发展，加快建设核心商务区、原料机械交易区、展览展示服务区、仓储物流配套区四大功能区块，真正成为中国重要的塑料原料交易中心、塑料机械展销中心、信息发布中心、价格形成中心和资金结算中心，确保在全国塑料市场中的龙头地位和塑料行业的价格风向标地位。

二、 中国塑料城的转型升级路径

传统专业市场转型升级是目前专业市场发展的核心问题，也是推动传统产业转型升级的现实路径。作为传统专业市场，余姚中国塑料城在实践中探索出转型升级的五大方向和路径，对专业市场的新一轮发展具有一定的借鉴作用。

1. 目标提升

面对周边的义乌小商品城、绍兴轻纺城、海宁皮革城、台州国际塑料城等专业市场的区域竞争压力，结合自身的发展特点，余姚中国塑料城找准了自己的目标定位。近期目标是：加快转型，打造城市工业服务业功能区；推行"两方联动战略"，即塑料城升级与塑料产业升级联动、市场拓展与城市发展联动；适时提出建设"国际塑料之都、工业服务名城"的城市发展目标；充实工业服务业形态；围绕塑料及相关产业，发展投资与资产管理服务、经济鉴证类服务、咨询服务和法律服务、专业化的工业设计等。中远期目标：稳步拓展，打造国内塑料市场集群的总部；力争用十年左右时间，形成以余姚中国塑料城为核心，以东北中心、西南中心、西北中心为支撑的一核多心的塑料城国内大格局；将中国塑料城打造成为控股国内重要区块塑料市场的大型专业市场运营商。

2. 功能拓展

近年来，中国塑料城以配套功能完善为重点，发展效益进一步提高。大力支持浙江省塑料工业科技创新服务平台建设。以浙江省塑料工业科技创新服务平台建设为主要内容，加快与中科院宁波材料技术与工程研究所、中国兵器工业集团五三研究所、四川大学、浙江工业大学等著名科研机构和院校技术研发的合作及成果的产业化应用；完善科技人才培养服务平台、科技信息与成果推广服务平台、公共研发与性能检测服务平台三大服务体系的建设。以一定比例补助费方式，鼓励中小企业与研究院开展研发与产业化合作。2011年余姚塑料研究院共承担科研项目2项，研发产品21项，科研成果市场转化8项。同时，进一步抓好仓储物流等配套设施建设，建设完成余姚物流网，成立余姚市物流行业协会。

3. 企业改组

借鉴绍兴和义乌等地的经验，从国有独资到国有控股，中国塑料城分阶段完成了改组工作。

（1）政府出台相关政策重点支持中国塑料城公司的改组。适度增加市政府每年拨付给管委会的经费。市财政继续负责中国塑料城规划区内的公共设施（如会展中心、市政规划道路、桥梁等）的重大维修资金。市政府对中国塑料城经营企业继续进行政策性补助。组建后五年内公司产生的税费，政府以奖励形式全额返回企业，用于企业再生产。对组建过程中所需办理的证件，在符合法律规定的前提下免交税费。

（2）实行管委会和股份公司两块牌子、一套班子，进行企业化管理。管委会继续作为市政府的派出机构，行使行政管理职能，保持与政府的关系，获取相应支持；而公司经营与市场具体运作则由余姚市中国塑料城集团有限公司进行。

（3）支持塑料城母子公司的经营决策。整合塑料城规划范围内的国有资产，构建以余姚市中国塑料城集团有限公司为母公司的国有独资控股集团，并保持母子公司的正常运营。

（4）科学激励经营者。对公司高层人员，包括经营者（董事长）、经营者群体（董事）、经营管理骨干等，在中国塑料城改组后的公司中设计持股。对于其他合资合作类公司，采取灵活多样的市场化方式进行激励。

4. 资产整合

中国塑料城的重组和整合分三步走：首先，整合资源，重组国有资产。整合塑料城规划范围内的国有资产，构建以余姚市中国塑料城集团有限公司为母公司的国有独资控股集团。然后，发起成立由国有资本、社会法人（战略投资者）、管理者团队共同持股的余姚市中国塑料城股份有限公司，实现投资主体多元化。如通过股权置换等方式，将中塑在线并入股份有限公司，以获得中国塑料城信息方面的竞争优势。最后，满足上市条件，筹备上市。盘活存量资产，优化资源配置，转换经营机制，建立现代企业运行机制。

5. 模式创新

面对大型跨国公司，尤其是发达国家的全球治理者将越过中国塑料城等国内的塑料专业市场，直接控制广大中小型涉塑贸易商、涉塑生产商的倒逼形势，中国塑料城以创新发展模式为重点，发展空间得到进一步拓展。

（1）研究模式创新。围绕商务模式创新，设置一批重点攻关项目和重大课题研究。如与国家商务部、我国驻东盟国家使馆经商参处等共同开展中国塑料城宏观经济影响、国际化战略、产业趋势分析等的研究。

（2）交易模式创新。提升"中塑仓单""中塑现货"的交易结算功能，力促网上交易有新突破。

（3）会展模式创新。做足做好会展文章，以办好中国塑料博览会为重点，力促会展业发展取得新突破。充分发挥市会展办和中塑国际会展中心的功能作用，继续加大招展力度。

（4）培训模式创新。充分发挥中塑讲坛、中国塑料城报和塑料城网站等载体的作用，开展各类塑料发展的教育培训。

三、 中国塑料城转型升级的策略总结

中国塑料城是典型的传统专业市场，自 1994 年批准设立以来，中国塑料城牢牢把握专业市场发展趋势和机遇，经过 20 多年的发展，在不产一粒塑料原料的余姚，创造出"无中生有"的奇迹，成为目前国内规模最大、交易最活跃、影响力最强的塑料原料交易市场和华东地区最大的塑料机械销售中心，是余姚区域经济的名片，是宁波诸多传统专业市场的"排头兵"，也是浙江"市场大省"的典型代表。中国塑料城近年来发展快速，年交易量和交易额逐年上升，并成功实现战略组合，基本实现了转型升级的跨越式发展。其成功经验，归结起来，主要有以下几点：

1. 不断优化空间功能布局，努力提升市场形象品位

中国塑料城按照"远近结合、合理布局、完善功能、提升能级"的要求，立足高起点、高标准、高质量，着力构筑科学合理、功能明确、集约发展的规划体系，加快修编完善中国塑料城控制性详细规划和相关专项规划，调整完善部分区块的功能定位，明确规划建设范围为东至金盛路、南至北环路、西至梁周线、北至舜宇路—经八路—舜科路，总体规划面积为 3.25 平方公里。强化规划控制，对中国塑料城

规划范围内的开发建设项目，应征得中国塑料城管委会的同意，坚决杜绝不按规划建设或随意改变规划的行为。

按照总体发展规划，加快区块拆迁进度，建立滚动开发模式，深入实施一批重大项目，加快打造核心商务区、原料机械交易区、展览展示服务区、仓储物流配套区四大功能区块，着力提升市场功能和形象品位。

（1）加快新建中塑中央广场，打造高档商务楼宇集群，积极招引大型石化企业、国内外品牌企业、中国塑料城规模企业进驻，配套星级商务酒店、金融中心、商业邻里中心，设立职能部门公共服务中心，完善商务配套和行政服务功能，为广大经营企业提供交易办公、商务洽谈、住宿餐饮、休闲娱乐、公共服务等一站式服务，实现产城联动，使该区域成为中国塑料城的高端商务区。

（2）按照统一规划、分期开发的原则，在现有展馆以西区域规划建设塑料原料配料交易区，为新建北路两侧老市场的西迁提供物理空间，使之成为塑料原料、塑料配料一站式采购基地。同时，在该区域规划建设塑料机械、模具机械设备交易区，设立机械体验中心，不断丰富中国塑料城的市场内涵。

（3）按照交通便捷、设计合理、车位充足、兼顾实用的原则，在梁周线以东新建中塑国际会展中心，使之成为集展览会议、机械常年展示、临时仓储为一体的标准展馆，为各类涉塑企业提供一个展示展销平台。加强专业会展服务，积极引进新展会，推动专业市场与会展服务融合发展。

（4）按照统一规划、全面改造的思路，对东方物流公司及周边区块进行重新定位，扩建仓储区，实行智能化仓储管理。引进一流物流企业，开展物流外包合作，并争取进入浙江省"三位一体"港航物流服务体系中的海陆联动集疏运网络，成为华东地区面积最大、功能最全、服务最好的塑料仓储服务区。

中国塑料城坚持基础设施先行，按照适度超前的原则，切实加大财政投入力度，加快中国塑料城内规划市政道路建设，积极打通断头路，抓紧实施纬四路、纬五路、经七路、经八路、经九路等市政道路建设，努力构筑高效、便捷的城内交通网络。加快完善供水、供电、通信、排污等配套服务设施，为中国塑料城企业做大做强和优质品牌企业引进创造良好条件。

2. 培育壮大涉塑产业，切实增强市场竞争实力

巩固扩大塑料原料交易规模。坚持以提升市场竞争力为方向，深化完善扶持政策，做大做强塑料原料经营企业，引导经营户从传统的前店后库经营模式，向店库分离和商务办公形式转变，着力培育一批具有相当知名度和竞争力的领军型企业。加快推进中塑世纪大厦、中塑中央广场建设，积极吸引国内外品牌公司、大型石化企业建立区域性乃至全国的营销中心，鼓励塑料经营企业取得国内外石化企业塑料产品的总代理商或总经销商资格，不断提高塑料原料的品牌和档次。大力创新经营方式，依托中国塑料城网上交易市场、涉塑产品展览展示平台和完备的仓储物流体系，大力发展电子商务，做大网上交易规模。积极推进中塑网上创业园建设，鼓励大学生等初次创业人员创办"塑料网络 E 店"，深化完善"智慧贸易"，增强中国塑料城发展后劲。

着力拉长涉塑产业链条。加快筹划塑料机械设备交易中心，鼓励现有塑料机械销售企业入驻，着力引进国内外塑料机械设备的知名品牌和大型企业落户。抓紧筹划涉塑半成品全球网上采购平台，采用现场实物展示和网上虚拟展示相结合方式，开展涉塑半成品和模具网上采购，拉长涉塑产业链，促进原料、模具、机械销售。按照"统一规划、统一设计、统一管理"的要求，在滨海新城建立塑料机械装备及改性塑料产业园和改性塑料中试基地，积极引进科研院所等各类研发机构，吸引国内外高端塑料机械和改性塑料企业进驻园区，加快科工贸一体化进程。

加快发展涉塑配套产业。着眼于增强中国塑料城的配套服务功能，加快发展仓储、物流、会展等配套产业。以东方物流公司为重点，建设中塑仓储服务园，争取设立保税仓库，着力完善仓储基地和物流配送节点，加快构建现代仓储保税物流配送体系，打造智能物流，为中国塑料城企业提供快速、便捷、高效、低成本的物流配送服务。重视会展经济培育，着力提高展会的市场化、国际化、专业化、组织化、高端化水平，继续办好中国塑料博览会等现有重大展会，加大招商招展力度，鼓励行业协会、行业龙头企业和会展企业组织举办各类涉塑产业展示展销或行业论坛，进一步提高中国塑料城品牌影响力。

3. 打造产业服务平台，完善市场功能

加快推进电子商务平台建设。坚持市场化与信息化相结合，积极创新市场经营模式和交易方式，加快建立以网上塑料交易和信息交互为核心、以现代物流为依托、以网上市场管理服务为辅助的电子商务平台，推动专业市场与电子商务平台一体化经营、互动式发展。加快注册中塑现货网上交易平台，积极推进资金结算中心建设，依托中国塑料城现货交易市场，提升完善网上市场"中塑仓单"交易功能，综合运用网络结算等各种电子支付工具，为涉塑企业提供挂单交易、协商交易、合同交易等服务，并进一步完善仓储、配送、运输等配套功能，实现传统专业市场、现代网络市场和快速物流产业有机融合，真正把中国塑料城网上市场打造成为信息最集中、交易最便捷、服务最完善、诚信度最高的电子商务平台，不断扩大无形市场的规模和效应。

加快推进科技研发平台建设。坚持科技引领，深化产学研合作，引导和鼓励社会资本参与科技研发平台建设，积极开展塑料行业共性技术、关键技术、核心技术的联合攻关，提升市场科技创新能力。进一步转变中国塑料城塑料研究院经营机制，突出企业化、市场化经营理念，积极寻找盈利模式，形成初次投入——技术研发——成果转化——盈利实现——再次投入的良性循环。加快组建北方材料科学与工程研究院工程塑料技术研究所，积极引进其他塑料改性科研机构，构建集技术服务、改性研发、中试实验、成果转化于一体的创新发展平台。鼓励本市塑料改性企业承接科技成果，推动企业向生产高端塑

料新材料领域迈进，增强企业的核心竞争力。

加快推进信息发布平台建设。按照"智慧型塑料城"建设要求，积极利用现代信息技术手段，突出中国塑料城管委会网站的公共服务功能、中塑在线网站的信息发布功能、浙江塑料城网上市场网站的交易结算功能，形成既资源共享又各具特色的网站体系。完善"中国塑料价格指数"体系，重视独立的数据采集机构建设，扩大塑料交易价格信息采集品种，强化数据汇总、整理、分析，不断规范塑料价格信息收集行为，加强与新华网等国内知名网站的合作，提高"中国塑料价格指数"发布的及时性和准确性，增强"塑料余姚价格"的话语权，巩固国内塑料价格行情"晴雨表"和"风向标"地位。

4. 创新体制机制，激发市场发展活力

按照"政府主导、资源整合、企业化运作"的要求，多形式、多渠道整合各类资源资产，增加国有企业自持物业，逐步壮大国有（国有控股）企业，切实壮大中国塑料城的资产规模，促进中国塑料城国有公司向企业化、股份化、集团化方向发展。加强现有资产清理，剥离不良资产，整合优质资产，促进市场经营资源、人才资源和资本资源整合优化。抓紧做好中国塑料城区域范围内商务、农林、农机等部门所属单位国有股权划转工作，为中国塑料城规模扩张注入必要的优质资产。综合运用经济和必要的行政手段，加强优质企业股权收购，积极创新市场运作机制，进一步提升中国塑料城的竞争力。

按照政企分开、实体运作的要求，进一步理顺管理体制机制，明确中国塑料城管委会和所属企业各自职能。切实强化中国塑料城管委会对中国塑料城的管理、指导和服务职能，加强对国有（国有控股）公司的绩效考核和监管，建立健全企业管理制度和风险控制制度，组织编制中国塑料城发展战略和规划体系，按管理权限负责中国塑料城的规划管理、建设管理、广告管理、投资审批、房屋拆迁、经济统计工作，指导监督物业管理，不断提高管理和服务水平。根据中国塑料城发展实际需要和现代企业制度要求，加快现有企业整合，搭建公司组织框架，抓紧组建投资主体——中国塑料城投资发展股份有限公司，出资成立开发主体——中国塑料城集团有限公司、会展主体——中国塑料城国际展览管理有限公司、经营主体——中国塑料城物流有限公司、研发主体——中国塑料城塑料研究院有限公司。

创新审批机制。工商、税务、海关等经济管理部门必须强化审批服务，创新审批机制，简化审批流程，派员进驻中国塑料城公共服务中心，对派驻人员的调整应事先征求中国塑料城管委会意见，并与中国塑料城管委会共同做好派驻人员的考核管理工作。调整投资审批流程，扩大中国塑料城管委会的审批权限，对不涉及财政性资金注入和市国有投资公司担保的经营性投资项目，其投资额度在 2 000 万元以下的，由市政府委托中国塑料城管委会审批，并报市国资办备案；对投资额度在 2 000 万元以上的，经中国塑料城管委会报市国资办审核后，由市政府批准。对涉及财政性资金注入和市国有投资公司担保的投资项目，经中国塑料城管委会报市国资办审核后，由市政府批准。

加快上市步伐。按照产权清晰、权责明确、政企分开、管理科学的现代企业制度要求，健全完善企业法人治理结构，明确公司人员身份，搭好企业上市架构，进一步明晰上市路径，努力寻找新的盈利模式。积极推进企业股份制改造，着力引进战略投资者，全面加强与国企、央企等大企业大集团的战略合作，充分发挥战略投资者的综合实力和资源优势，广泛吸纳社会资本进入，降低国有控股比例，变国有独资为国有控股、国有参股，不断壮大企业实力。进一步加强与上市辅导机构的交流、沟通和合作，积极开展上市培训和辅导，强化上市宣传、推介和包装，最终实现中国塑料城整体上市目标。

5. 营造良好发展环境，形成兴市建城合力

成立余姚市加快中国塑料城转型升级跨越发展工作领导小组及办公室，统筹负责解决中国塑料城发展中的重大问题和事项。加强中国塑料城管委会班子力量配备，进一步选优配强领导班子，充实若干懂经营、会开发、敢创新的干部到中国塑料城管委会和所属公司工作，

并保持相对工作年限稳定，切实增强干部队伍干事创业的能力。中国塑料城管委会必须以转型升级跨越发展为契机，增强忧患意识，统筹整合内部资源，明确职责分工，完善职能配置，探索实施市场化的管理方式和服务机制，不断提高领导和推进中国塑料城开发建设的能力。

进一步解放思想，拓宽用人的视野，创新国有（国有控股）公司人才引进、使用、激励机制，严格控制一般性人员进入，鼓励引进高层次实用专业人才，形成高端人才洼地。建立完善职务能上能下、收入能高能低、实施期权激励等用人和分配机制，增强骨干人才队伍稳定性。切实按计划抓好中国塑料城内征地拆迁工作，强化用地保障，优先调整中国塑料城用地结构，确保中国塑料城开发建设需求，对重大产业项目和重点基础设施项目，积极争取上级统筹指标，优先安排建设用地指标；对特殊重大项目，经市政府批准，可以采用"一事一策"的办法给予用地优惠。大力支持中国塑料城投资发展股份有限公司开展形式多样的融资活动，鼓励和吸引规模型、实力型、优质型企业参与重大项目的开发建设，设立涉塑产业发展基金，深化银企合作，积极引导和支持金融机构创新贷款模式，探索对中国塑料城内企业开展股权质押、仓单质押等质押贷款方式，拓宽企业融资渠道，着力解决企业融资难问题。

加大财政支持力度，调整国有土地使用权出让收入分成办法，对中国塑料城规划范围内的国有土地使用权出让收入在按市政府文件规定提取相关税费后，土地出让净收益全额返还中国塑料城管委会，专项用于中国塑料城基础设施建设。中国塑料城区域范围内今后因城市扩张需要，实施"退二进三"过程中收取的土地出让净收益和土地收益金，市本级分成所得部分全额留归中国塑料城管委会，用于公共设施项目建设。中国塑料城区域范围内公用（共用）部位的广告经营权，归中国塑料城管委会所有，所产生的收益用于公共设施项目建设。加大融资扶持力度，对重大政府性投资项目由市国有投资公司提供融资担保，增强中国塑料城发展活力。

强化舆论引导，充分利用报刊、广播、电视、网络等载体，大力宣传加快中国塑料城转型升级跨越发展的重大意义、目标任务和发展蓝图，及时报道中国塑料城转型发展所取得的工作成效，引导全市上下充分认识加快中国塑料城转型升级跨越发展的重要性和紧迫性，自觉参与和大力支持中国塑料城发展，着力营造良好的发展氛围。充分利用中国塑料博览会的品牌效应，切实加大对外宣传和推介力度，积极推介中国塑料城的市场优势、服务环境和优惠政策，不断提高中国塑料城在国内外的知名度和影响力。

四、 中国塑料城转型升级的启示

1. 清晰的战略定位

战略定位即在对内资源和能力分析，对外竞争环境分析的基础上经过缜密谋划决断来确定自身发展方向、赢利模式等，是战略管理的核心内容。任何一个商品市场都必须有清晰的战略定位，它是市场未来发展的构思，能给市场未来的正确道路指明方向。战略定位是市场发展的风向标，能够有效避免决策的随意性，提高决策的准确性和科学性，并尽可能地降低风险系数。同时，在当今激烈的市场竞争中，保持清晰的战略定位能使市场始终坚持可持续发展，在保持竞争优势的同时不盲从短期利益的诱惑。中国塑料城在不同的发展阶段分别制定了不同的战略目标。近年来中国塑料城的目标定位更为清晰：以现代国际批发市场"商品集散、信息传播、财务结算、价格（时尚）发布"四大基本功能为标杆，把中国塑料城建设成为立足宁波、依托长三角、辐射全国、影响国际的，集塑料原料、助剂、塑料制品、塑料机械、塑料模具技术设备等涉塑产品的交易、展示、会议、信息发布（交流）、仓储、配送、货运、金融结算以及检测认证等功能于一体的经营规模大型化、经营品种专业化、经营档次高级化、经营手段一体化、经营空间国际化、经营环境规范化的大规模的现货批发交易中心，真正成为中国最重要的塑料原料交易中心、信息发布中心、价格形成中心和结算中心，以及中国最大的塑料机械展销中心，最终促进有国际影响力的余姚涉塑产业集群的形成，成为余姚经济的一个增长极。

2. 持续的体制机制创新

正确理顺政府与市场的关系，不断推进管理体制机制的创新是中国塑料城转型升级的强大动力。按照政企分开、实体运作的要求，进一步理顺管理体制机制，明确中国塑料城管委会和所属企业各自职能。正确把握政府在推进市场发展中的角色定位，强化中国塑料城管委会对中国塑料城的管理、指导和服务职能，加强对国有（国有控股）公司的绩效考核和监管，建立健全企业管理制度和风险控制制度，不断提高管理和服务水平。按照产权清晰、权责明确、政企分开、管理科学的现代企业制度要求，加快现有企业整合，搭建公司组织框架，明确投资主体、开发主体、会展主体、经营主体、研发主体，健全完善企业法人治理结构。同时，在加快推进市场内各类资源资产整合的基础上，采取多种形式盘活企业资产，实现保值增值。

进一步加快要素保障体制创新。创新人才引进、使用、激励机制，鼓励引进高层次实用专业人才，形成能引得进、留得住、用得好的人才良性循环局面，积极争取将中国塑料城列入宁波市"人才特区"一区多点建设中的其中一点，享受相关人才政策。适度增加市政府每年拨付给管委会的经费，市政府对中国塑料城经营企业继续进行政策性补助，着力引进战略投资者给予资金保障，广泛吸纳其他资金进入。强化金融服务，加强与政策性银行、商业银行战略性合作，争取与一家商业银行和一家政策性银行建立战略合作关系，争取 30 亿～50 亿元规模的贷款额度。积极引导和支持金融机构创新贷款模式，探索对中国塑料城内企业开展股权质押、仓单质押等质押贷款方式，拓宽企业融资渠道。加强用地保障，对重大产业项目和重点基础设施项目，积极争取上级统筹指标。

积极推进企业股份制改造，着力引进战略投资者，全面加强与中国通用技术集团等大企业大集团的战略合作，充分发挥战略投资者的综合实力和资源优势，广泛吸纳社会资本进入，不断壮大企业实力。加快搭建好企业上市架构，进一步明晰上市路径，努力寻找新的盈利模式，加快推进上市工作。进一步加强与上市辅导机构的交流、沟通和合作，积极开展上市培训和辅导，强化上市宣传、推介和包装，最终实现中国塑料城整体上市目标，不断增强中国塑料城转型升级跨越发展的活力。

3. 独特的核心产业实力

首先，以研发平台建设提升产品开发能力。中国塑料城充分利用浙江省塑料加工技术创新服务平台，积极引进其他塑料改性科研机构，主攻塑料改性项目，构建集技术服务、改性研发、中试实验、成果转化于一体的创新发展平台，不断提升技术服务和技术创新能力，为改性塑料发展提供强大的技术支持和创新动力。加快与国内著名科研院校的合作与交流，完善科技人才培养服务平台、科技信息与成果推广服务平台、公共研发与性能检测服务平台三大服务体系的建设，鼓励中小企业与研究院开展研发与产业化合作。

其次，以产业园区平台建设增强产品生产能力。加快建设滨海新城 2 000 亩改性塑料产业园，实施统一规划、统一设计、统一管理，积极引进国际领先、国内一流的技术和设备，建立园区内物质、能量循环利用链条。大力开展招商引资工作，努力吸引国内外高端改性塑料企业进驻园区，促进改性塑料产业集群集聚发展。鼓励企业加强科技成果承接转化工作，推动企业向生产高端塑料新材料领域迈进，使产业园区成为以推动改性塑料技术的产业化应用为方向的改性塑料生产创造、创业创新基地，成为中国塑料业的实验园和尖端产业园。

最后，以专项交易平台建设提高产品市场占有率。中国塑料城牢牢抓住省政府"三位一体"港航物流服务体系建设机遇，发挥重点项目的政策优惠优势，在继续做大做强现有塑料原料交易市场的基础上，加快改性塑料交易平台建设。新市场二期（中塑世纪大厦）增设改性塑料交易区，吸引全国知名改性企业入驻，抢占改性原料销售的领先地位。充分利用中国塑料城的"中塑指数""中塑仓单""塑博会"等资源优势，突出改性塑料专区，通过更为便捷、深入的专项交易平台，扩大交易额，提高市场占有率。

4. 多层次的市场建设体系

针对国内塑料专业市场不断崛起，行业同质化竞争加剧的市场发展环境的新变化，中国塑料城着力推进四个市场建设，不断提升市场总体形象。

首先，加大诚信市场建设。加大塑料城企业信用评价体系的宣传力度，鼓励企业全面参与。制定相应的激励和惩戒措施，加强指导与监督，开通 24 小时举报电话，加大对销售假冒产品违法行为的打击力度，推进企业信用评价体系有效运营。继续深入探索、挖掘和开发系统功能。加大系统应用的推广力度，提升增值服务，对接中塑在线、网上市场等专业性网站和平台，对诚信企业按等级高低置顶排名，形成良好的导向。与金融部门开展战略合作，增加诚信企业相应授信指标及额度。不断扩大诚信市场建设影响力，打造中国塑料城市场诚信品牌，提升中国塑料城品牌知名度。

其次，推进特色市场建设。按照省委省政府关于特色小镇规划建设的指导意见，结合塑料城实际，认真调研，积极筹备，有效整合塑料家电产业市场信息，加强产业链协作，大力推动余姚塑料家电产业线上线下的结合，促进产业升级以及信息化和工业化深度融合，打造集贸易、研发、制造、物流、检测、信息服务、展示、文化、特色旅游等于一体的具备完善产业链的余姚塑料家电 O2O 特色小镇。

再其次，加大活力市场建设。大力培育壮大涉塑产业集群，充分利用中国塑料城、塑料城网上交易市场、中国慧聪家电城、余姚市电子商务产业园核心交易区，积极吸引国内外总部型企业入驻，增强市场活力。大力引入行政办公、会计审计、法律、咨询、商务等相关中介服务机构，发展中国塑料城产业集群总部经济，力争把中国塑料城市场集群打造成为余姚新型城市经济的先导区和集聚区。

最后，推进品牌市场建设。着手改造市场软硬件环境，提升市场管理规范化，创新市场发展理念，打造品牌市场。积极创建省"四星级文明规范市场"，全面落实创建的标准要求，强化管理、优化服务、美化环境，进一步改善市场整体环境、经营秩序和文明程度。同时，继续积极申报"宁波市企业百强""全国文明诚信示范市场""中国优秀示范市场"等荣誉，积极打造市场品牌。

第三节　中国（舟山）大宗商品交易中心国际化案例

一、中国（舟山）大宗商品交易中心概况

中国（舟山）大宗商品交易中心（以下简称交易中心）是舟山市委、市政府根据国务院正式批准设立浙江舟山群岛新区及批复《浙江舟山群岛新区发展规划》提出的"三大定位、五大目标"中建成我国大宗商品储运中转加工交易中心的首要发展目标，以及浙江省委、省政府构筑以大宗商品交易平台为核心的"三位一体"港航物流服务体系等重大战略决策建设的综合性大宗商品交易平台。交易中心以营造特色、建设完善的功能服务体系为思路，在功能定位上进行全国首创，建成了集商品交易、公共信息、口岸通关、航运综合、金融配套和行政审批等六大服务于一体的功能体系，为贸易商提供高效、快捷、优质的"一站式"服务。

交易中心自 2012 年 1 月 6 日正式运营以来，坚持高标准规划、高标准建设、高效能管理，在多元式打造我国一流的大宗商品综合交易、结算和定价中心的基础上，探索打造我国区域性场外市场、搭建全省浙商回归平台、构建新区金融贸易集聚区，目前已集聚大量矿、煤、粮、油等大宗商品资源商、贸易（交易）商、需求商以及金融、口岸等配套服务机构，形成了以浙江舟山大宗商品交易所（以下简称浙商所）、浙江船舶交易市场、舟山水产品交易中心为核心平台，以行业性交易平台、市场服务机构为辅的发展格局，初步成为新区大宗商品商

贸、交易中心。园区坐落于舟山市临城 CBD 核心区块，紧邻市政府，总建筑面积 16 万平方米，包括 1 幢主楼和 2 幢配套商务楼，为贸易商、会员提供良好的办公环境和配套服务，充分发挥中心的集聚效应。

按照"以现货贸易为核心，服务实体经济"的宗旨，交易中心采用线上电子交易与线下实体贸易相结合的模式。线上电子交易以商品即期交易、现货挂牌交易、现货竞买交易和二手船舶交易为主，为大宗商品贸易商提供现货交易平台、物流交割、船舶交易、价格指数发布等服务；2014 年上半年浙商所累计上市交易品种已达 23 个；完成商品即期交易模式交易额近万亿元，已超过 2013 年全年量，完成现货挂牌交易模式交易额 22.72 亿元，现货竞买交易模式交易额 827.13 万元；船交市场共交易各类二手船舶 481 艘，实现船舶交易额 14.06 亿元。线下实体贸易以完善的服务功能和有效的政策支撑为载体，已成功引进了一批实力雄厚的企业落户并开展传统现货贸易，以现有龙头骨干企业为支撑，以主导支柱产业为基础，充分发挥大型企业供应链辐射优势，吸引上下游企业参与，实现贸易一体化和金融全覆盖。2014 年上半年招商引资企业完成贸易额（以增值税发票计）103 亿元，同比增长 61.50%，缴纳税费 2 438.34 万元，同比增长 102.01%；自 2012 年正式运营以来，累计完成贸易额 384.92 亿元，缴纳税费 9 706.16万元，为打造总部经济做出积极贡献。

二、 中国 （舟山） 大宗商品交易中心建设的优势及制约因素

1. 中国（舟山）大宗商品交易中心建设的优势

（1）区位条件优势。舟山港域濒临国际主航道，与香港、基隆、釜山、大阪、神户等港口间国际航线均在 800 海里之内，至美洲、大洋洲、波斯湾、东非等地港口距离在 5 000 海里左右。由于地处中国南北海运航线与长江黄金水道的"T"形交汇处，舟山不仅可便捷连接沿海各港口，而且通过江海联运，沟通长江、京杭大运河，可辐射

整个华东地区及经济较为发达的长江中下流流域。通江达海、紧邻长三角大宗商品终端消费地市场的独特区位条件为舟山建设国际大宗商品交易中心创造了坚实的终端市场条件。

（2）海洋经济优势。舟山拥有 280 公里海域深海岸线，占全国 18.4%，特别是水深 20 米以上岸线超过 100 公里；拥有 1 390 个岛屿，相当于全国海岛总数的 20%，具备发展海洋经济的特殊优势。2010 年，舟山实现地区生产总值 633.45 亿元，人均 GDP 达 7 375 美元，居浙江省第 3 位。舟山已初步形成了以临港工业、港口物流、海洋旅游、现代海洋渔业等为支柱的开放型经济体系。2010 年全市海洋经济总产出 1 436 亿元，海洋经济增加值占 GDP 比重达 66.4%，是全国海洋经济比重最高的城市，经济结构实现了由单一的传统渔业经济向综合的现代海洋经济转变。

（3）大宗散货集散优势。自 2010 年起，宁波—舟山港货物吞吐量一直居全球首位。就舟山港域而言，其吞吐量已跻身全国沿海港口 10 强。舟山港域作为原油、成品油、液体化工、铁矿石、钢铁、煤炭、粮油等大宗散货吞吐港，金属矿石、石油及天然气、煤炭等大宗散货中转运输是拉动吞吐量快速增长的主要货种，2010 年完成油品吞吐量 4 500 万吨，矿砂 7 500 万吨，煤炭 2 115 万吨，粮食 539 万吨。同时舟山的油品仓储能力也已达到 1 150 万立方米，中转吞吐能力接近 6 600多万吨。舟山港域的大宗商品集散优势、市场腹地优势全国独一无二，为大宗商品交易中心的构筑打下了坚实的市场基础。

（4）基础条件优势。舟山港域港口码头泊位已成规模，港口配套服务日益增强。货物储存堆场、油品储罐、海关监管仓库、公共保税库等港口配套设施相继落成，物流信息平台、信息技术、金融服务等相关配套支撑不断完善。先后建成一批铁矿石中转码头、石油储运基地，构筑大宗商品交易平台的基础条件更加完备。通过加强与国际航运中心上海合作，积极推进宁波—舟山港口一体化建设，一大批港口大项目在舟山落户建设。在嵊泗建设了上海国际航运中心洋山深水港；

马迹山建成了宝钢马迹山矿砂中转基地；老塘山建成了粮食等综合中转基地；呑山岛建成了全国最大的商用油中转基地——中化兴中石油转运基地和国家首批战略石油储备基地；六横岛建成了浙能煤炭中转基地。金塘大浦口集装箱码头工程、洋山液化天然气工程、世纪太平洋液体化工品中转基地工程、六横舟山武钢矿砂物流工程等一批港口物流项目正在加快建设之中。

（5）新区政策扶持优势。国家明确提出重点推进浙江舟山群岛新区发展，意味着把舟山新区开发开放提升为与上海浦东新区、天津滨海新区、重庆两江新区同等高度的国家发展战略，对舟山的整体发展、建设国际物流岛乃至成为自由贸易港区具有很大的推动作用。从大宗商品交易关联政策看，除原油较为困难外，其他大宗商品都有建设与发展交易平台的政策条件。

2. 中国（舟山）大宗商品交易所建设的制约因素

根据国家的战略定位，舟山建设大宗商品交易中心应突出大宗商品交易、口岸通关、物流服务、储备保税、金融信息服务、行政服务管理六大功能，基本形成具有行业领先水平和国际竞争力的多元化交易机构体系、国内外投资者共同参与并具有国际影响力的交易市场体系、与经济发展需求相适应的交易产品创新体系以及符合国际通行规则、规范有序的交易发展环境。中国（舟山）大宗商品交易所于 2011 年 11 月挂牌交易，规划到 2015 年实现交易额 2 000 亿元以上，到 2020 年实现交易额 5 000 亿元，成为国际性大宗商品交易中心。决定大宗商品交易中心运行成功与否有许多因素，从外部影响来看，主要为大宗商品关联政策趋势、大宗商品供应链管理体系重构、大宗商品贸易市场环境等。从内部因素来看，主要为加强交易中心科学管理、强化交易运行风险控制、创造优越的硬软件环境等。目前，制约中国（舟山）大宗商品交易所建设的制约因素既有内部的原因，也有外在的原因。

从自身内部来看，中国（舟山）大宗商品交易所建设表现为"五个不匹配"：一是物流与商流不匹配，虽然货物吞吐量超过 2 亿吨，但在舟山的货物贸易量占比极低。二是水路运输与陆路运输条件不匹配，海陆联动的集疏运网络相对较差，水—水中转成为最重要的集疏运方式。三是金融及信息服务能力与客户需求不匹配，物流商贸需要强大的金融及信息等方面的港口服务支撑，但舟市相应的服务能力及水平跟不上发展需求。四是航运企业低、小、散，与港口吞吐量规模不匹配，货物本地化运输比例只占吞吐量的 10％。五是高级的专业和管理人才数量与物流商贸发展需求不匹配。

从外部环境来看，基于现货市场的中远期市场，在我国期货市场发育还相对不足的情况下，近年来发展势头良好，发展潜力巨大。但由于国家对中远期市场发展政策不明朗，缺乏权威的法律法规和规章制度，对舟山利用港口优势，发展大宗商品电子交易平台带来较大的不确定性。同时，舟山港域作为原油、成品油、液体化工、铁矿石、钢铁、煤炭、粮油等大宗散货吞吐港，港口在功能上还主要是大宗散货的运输港、仓储中转港。上述货种中，原油、成品油的进出口及其批发，主要由中石油、中石化等央企垄断，市场培育难度较大。铁矿石、煤炭、粮油等商品的交易，还主要为央企或省属企业对下属公司的货物配置，货主码头和堆场的性质突出，市场难以有效形成。特别是当前进口铁矿石长期供货、年度定价的"长协"模式崩溃，向更灵活的指数定价、季度定价和现货定价等价格机制转变。国内正在推进铁矿石进口代理制度，将抑制进口铁矿石的现货交易行为。这些给发展铁矿石贸易造成更大的不确定因素。

三、 中国（舟山）大宗商品交易中心国际化的策略分析

1. 选择先期交易品种

根据国际、国内经济形势发展走向，国家相关贸易政策调整进程，以及大宗商品贸易方式变化，选择好大宗商品先期交易品种，是大宗商品交易中心顺利运行的前提。如果先期交易品种选择不当，交易中

心建设和发展就会受到延误，甚至会造成竞争优势的丢失。

（1）准确把握大宗商品关联政策及其趋势。化工类产品种类繁多，舟山主要集中在甲醇、乙二醇和芳烃系列。目前，对来自境外的甲醇等，商务部通过实施反倾销调查进行限制。大宗化工品的更大贸易机会，寄希望于国家实施甲醇汽油替代战略。铁矿石贸易完全市场化，国家通过调整钢材出口退税政策，限制耗费大量铁矿石的生铁、钢坯（锭）等初级产品出口，逐步减少铁矿石巨量进口。

（2）敏锐捕捉大宗商品贸易方式变化商机。密切关注国际、国内大宗商品供需双方变化过程，以及相应的贸易方式改变情况，在演变过程中寻找贸易机会。截止到目前，沿袭了40年的国际铁矿石价格谈判机制开始发生历史性变化，长期协议被与现货市场挂钩的季度定价制度所取代，给铁矿石现货贸易市场形成提供了有利条件。石油贸易尽管继续执行国营自动进口许可管理，非国营执行承诺进口数量（配额）管理，但希望竭力打破原油进口限制的民营石油企业，与力图牢牢控制进口权的国有巨头，在人代会上展开过激烈辩论，最终会加快石油市场开放步伐。

（3）认真筛选适宜本市交易的大宗商品品种。选择先期交易品种，必须从实际出发。从大宗商品交易关联政策分析来看，除原油进口贸易外，成品油及其燃料油可以有条件地开展贸易。结合保税港区规划建设，积极争取燃料油出口配额，开展国际离岸船舶保税燃料油贸易。

2. 重构大宗商品供应链体系

随着现代物流多式联运的快速发展，现代贸易中出现了以互联网为依托的供应链管理体系，具备了贸易订单和贸易融资等功能。谁掌控了供应链管理体系核心，谁就掌握了大宗商品贸易的主动权。

（1）努力重构大宗商品贸易供应链管理体系。供应链管理体系是指企业通过改善上、下游供应链关系，整合和优化供应链中的信息流、物流、资金流，以获得企业的竞争优势。目前，大型跨国公司和相关契约企业，已经形成了世界范围的大宗商品供应链管理体系。首先要积极引进世界级大宗商品贸易商，如瑞士的嘉能可 Glencore（主营金属）、荷兰的托克 TBBV（主营金属和能源）、美国的嘉吉 Cargill（主营农产品和黑色金属）等，利用他们的贸易网络和管理经验，帮助我们构建大宗商品贸易供应链管理体系。其次要充分运用基于供应链管理网络应用的计算机技术，也就是要应用最先进的供应链云管理技术，实现云供应、云物流、云管理，完善传统的大宗商品供应链管理。最后要争取高度自由化的贸易体制，紧紧抓住浙江舟山群岛新区建设机遇，积极向上争取一系列政策，改善大宗商品贸易体制政策环境，有利于更好地构建大宗商品贸易供应链管理体系。

（2）创新交易制度，争取大宗商品贸易定价权。中国缺失大宗商品定价权的主要因素，一是欧美期货市场有近两百年积淀，导致纽约和伦敦的期货交易所主导着全世界大宗商品价格。二是大宗商品定价机制逐渐脱离了实体现货贸易，衍生成了一种金融工具，以华尔街为代表的金融资本左右着大宗商品价格。为掌握大宗商品定价的主动权，中国（舟山）大宗商品交易所要向渤海大宗商品交易所等先进交易所学习，运用创新思维创新交易制度，主推大宗商品现货交易和即期交易模式，推出现货连续价格交易制度。

3. 强化大宗商品交易风险控制

（1）密切关注金融动荡对贸易机会的影响。从某种程度上来看，本轮美国金融危机以及世界范围金融动荡，与过去一二十年的世界分工有很大关系，是经济泡沫与经济结构失衡相伴的产物。面对全球金融危机，各国政府的对策肯定是先自救后合作，因此全球性贸易保护主义现象必然出现。我国直接参与国际分工，贸易保护主义会成为经济增长的主要障碍，进而会影响大宗商品贸易。我国承诺重估人民币币值，人民币升值最终导致大宗商品价格波动，也会在一定程度上影响大宗商品贸易机会。

（2）切实强化大宗商品交易过程风险控制。风险控制是大宗商品交易中心发展成败的关键，首先做好风险预测，谨防各种风险的产生，制订各种风险规避与应对方案，保障交易中心的健康发展。其次在运营过程中，时刻监控交易行为，对结算进行严格核对，对交收实行严格把关，有效避免交易商违约行为，及时控制并处置违反交易规则的风险。最后规避同业竞争风险，面对上海、宁波和张家港等多个沿海沿江城市纷纷建设大宗商品交易中心，既要实行差异化竞争战略，又需增强内部实力，积极参与异地同业交易中心联盟建设，力争共同打造行业龙头，提升对抗竞争风险的能力。

（3）注重大宗商品交易中心制度规范化建设。大宗商品交易中心作为第三方平台，必须遵循公平、公正和公开的基本原则，才能吸引更多的交易商参与，这是交易中心得以顺利运营之根本。交易中心要积极配合执行国家有关部门的监控措施，依据《合同法》《担保法》《大宗商品电子交易规范》《期货交易管理条例》以及商务部整改制度等文件，制定各项交易、结算、交收等规则、细则，完善内部各业务流程制度和各部门各岗位的工作制度，确保交易中心平稳运营。

4. 完善支持配套服务功能

（1）加强重大问题研究和政策争取工作。长三角及环渤海湾地区目前没有国际性自由贸易港区及相关政策，来支持各地各类大宗商品贸易活动，在东北亚国际物流中心竞争中明显落后于日、韩等国。韩国釜山港被确定为自由贸易港区后，一年就创造了2.3万个就业机会和20.7亿美元的收入。然而，釜山港40％的吞吐量却是由中国大陆口岸提供的。因此，在长三角地区设立一个国际性自由贸易港区，发挥汇聚全球资源的作用意义非常重大。舟山要根据大宗商品交易中心发展规划，用足用好群岛新区建设先行先试政策，结合保税港区申报和规划建设，积极向国家争取大宗商品经营资质、交易模式、金融创新、外汇管理、口岸开放和保税贸易等相关政策支持。积极进行自由贸易港区政策研究，努力争取建设国际性自由贸易港区相关政策。

（2）围绕大宗商品交易做好配套服务工作。千方百计使大宗商品交易中心形成自己的特色，努力克服国际物流岛建设中的短板。一是加快推进"三位一体"现代港口物流服务体系建设，积极实施现代港口物流园区建设规划，对货主码头和堆场性质的物流模式进行转型。二是充分发挥港口区位优势，加快港口码头等基础设施建设，既要以上海、宁波等大中型城市为依托，又要与上海、宁波等地的大宗商品交易中心开展差异化竞争，实现与上海、宁波港的优势互补。三是围绕大宗商品交易提供最优秀的全方位服务，包括信息及时准确、交易安全可靠、金融服务到位、政府优质高效、吃住行便利舒适等。

（3）加大对大宗商品交易的政策扶持力度。把握大宗商品交易扶持政策力度的基本原则是，使交易中心稳定运行并不断发展，使参与贸易活动的贸易商切实看到比较利益。主要体现在两方面，一是扶持大宗商品交易中心建设资金和运行费用；二是减少贸易商交易过程中产生的税收和佣金等。同时，设立大宗商品交易专项财政引导资金，主要用于对贸易商、授权服务中心（会员）、专业服务机构和团队（负责人）对地方贡献的奖励。

四、 中国 （舟山） 大宗商品交易中心国际化的启示

1. 加速国内布局，拓展国际平台

（1）着力打造"舟山大宗商品交易价格指数"。中国（舟山）大宗商品交易中心以金融主业服务为主，物流、仓储、融资、培训等服务为辅，打造"舟山大宗商品交易价格指数"，在产业升级、市场整合中掌握主动权。中国（舟山）大宗商品交易中心联结起生产商、贸易商、投资商、消费商四大市场主体，将分散的、线性的产业链条，整合成集中的、立体化的产业平台。产品上市后，企业从物流、仓储、融资等方面全方位介入新型商品交易市场，通过营销模式的变革，企业从传统的生产商，转型成为产业链的综合服务商和产业解决方案提供者，在产业升级及市场整合中掌握主动权。

提升价格影响力，中国（舟山）大宗商品交易中心电子交易平台提高了供需信息透明度，使供、产、销、存各方能够清晰全面的了解

市场环境，使产品销售价格更加阳光、科学、合理，最终提升企业上市产品在同类产品中的价格影响力，成为引领产品行业价格的风向标。

（2）大力拓展国际产业平台。中国（舟山）大宗商品交易中心在加速向全国布局的同时，做好产业布局的上下延伸，以增设国际服务平台，密切关注大宗商品交易产业发展的国际资讯，发挥中国（舟山）大宗商品交易中心的国际拓展功能和资源整合功能，在国家"一带一路""南南合作"等国际战略的带动下开展大宗产业、物流、仓储产业的合作交流，提升中国（舟山）大宗商品交易中心的国际影响力，寻找良好的合作模式，探索和打造进军国际的各种路线，并逐步拓展。国际化的具体措施有：

第一，推行与国际接轨的大宗交易制度。推行更加开放的大宗商品贸易自由化。增设夜盘交易使得中国（舟山）大宗商品交易中心行情与国际市场行情接轨，在满足不同时区交易商参与交易的同时，也为投资者有效规避境外市场带来的价格波动风险提供了条件，并为交易所的上市品种国际化铺平了道路。交易时间因夜盘的开设得以延长，参与的交易商可以有更充分的时间来挖掘交易对手，增加了企业交易商的贸易机会和自然人交易商的投资机会。

第二，增加与国际大宗商品交易所的交流与合作。创新交易所的国际品牌推广力度，对外宣传所有信息和平台使用中英文双语资料，增设国际宣传推广渠道。

2. 完善监管机制，防范经营风险

（1）完善监管机制。中国（舟山）大宗商品交易中心借鉴国际上先进的商品交易所的经验，不断强化监督，加强监管，以"公开、公平、公正"为原则，健全相应的规章制度和管理流程，确保交易所上市企业信息透明、真实、有效、及时对外公布，提升交易所监察机构的公信力和执行力，确保上市企业交易交收管理、仓储货单管理的规范有序，完善相应的督查制度、问责制度、追究制度。

（2）防范经营风险。构建交易所产业经营和资本经营融会贯通的管理运行机制，做好交易所市场资源配置功能，控制交易所发展经营风险，将战略、业务计划和现货商品电子交易市场管理结合起来，建立完善的交易所审计、审核、内控等管理制度和工作流程，进一步完善以资本、资产管理为核心的风险管控体系。建立健全风险管理控制机制，加强风险管理和控制的功能，强化审计与稽查职能，提高交易所风险防范能力；建立完善风险预警监测机制，构筑防范风险的屏障；加强对交易所干部员工的风险教育和培训，增强全员风险意识。根据风险识别层级，制定相应的风险应对措施，确保交易所稳健的发展。

首先是防范市场风险。宏观经济形势对大宗商品交易所有着直接的影响，当经济强劲，人们对投资和理财的渠道需求就越旺盛，大宗商品交易所行业带来的产业投资便利才能显现。从上市企业的角度分析，市场环境的变化将影响大宗商品的价格波动和交易交收的量能变化。其次是防范竞争风险。目前全国的大宗商品交易所以省级属地设置、管理为主，全国各地有几十家规模不等的交易所，浙江就有新华大宗、宁波大宗、舟山大宗，大宗交易行业内的竞争日益白热化。同时，国家对各大交易所的综合治理工作不断加大，交易所的进入门槛不断提高。面对市场竞争，中国（舟山）大宗商品交易中心不断完善大数据、云计算、产业升级、互联网＋产业、第三方支付、价格指数等功能，形成差异化的竞争模式，在大宗产业中逐渐占据龙头地位。最后是防范操作风险。一方面，大宗商品交易所的交易特性对安全操作和稳定性要求极高，操作风险，特别是技术风险可能会对大宗商品交易带来灾难性的后果。另一方面，交易所的壮大与发展必将伴随着不断地整合并购，在资源整合过程中，制度、交易、战略、交易规则等风险都是值得关注和防御的。此外，管理风险交易数据、专业管理团队、物流平台、信息管理、交收环节管理等大宗商品的专业化管理也是必须加以注意的。

3. 推进创新机制，保持产业前沿

近年来，中国（舟山）大宗商品交易中心大力推进创新工作，促进交易所机制体制、运营模式、市场推广举措、科学技术、产业发展等方面的创新工作，使交易所的自主创新能力得到有效提升。通过自主创新，促进交易所提升核心竞争力，为全面实现转型升级提供强有力支撑，为走向国际化奠定了坚实的基础。

（1）商业模式创新。根据国内外经济发展态势及交易所发展要求，中国（舟山）大宗商品交易中心提供全新的产品或大宗服务，在上市企业的产业覆盖方面开创新的产业领域，或借鉴和学习世界先进大宗商品交易所管理方式和服务模式，并且创新交易交收方式，大力提升大宗商品的交收量，给上市企业带来更持久的赢利能力与更大的竞争优势。

（2）资源整合创新。根据"经济、效率、协调、适用"的原则，中国（舟山）大宗商品交易中心优化现有营销体制机制，以目前已经上市的大宗商品如山茶油、螺纹钢、咖啡豆、大蒜、苹果、胡柚等为突破口，整合线上线下营销渠道、营销人才及激励政策等资源，在各上市产业板块中统筹安排、灵活调动，合理配置，构建交易所、市场服务机构、上市企业三者相协调的整体营销团队和模式，利用多元化分销渠道传递价值，形成市场核心竞争力，保持竞争优势。

（3）管理体系创新。管理创新就是想方设法提升企业各项决策的执行能力，对产品、服务、流程进行改善和优化。管理创新孕育中国（舟山）大宗商品交易中心的每一个环节，如企业调研、上市考察、仓储机构设置、上市产品报告、参数设计等，也包括管理工具的创新，如互联网、信息化、智能化的运用。交易所必须运用科学规范的管理模式，以智力资源为依托，实行管理理念的全面创新，从根本上转变经营观念，从科技决策着眼，从品牌战略着手，以打造全球化大宗商品交易所的视角，理解驱动管理的创新，形成适时动态的管理创新机制。学习国内外标杆交易所的管理，提升交易所的管控能力。

（4）营运模式创新。模式创新的实质是思维方式和方法论的创新。在当前国内外经济社会大变革时期，既有模式有可能制约和阻碍企业的发展与转型，因此，中国（舟山）大宗商品交易中心需要全方位检视并创新我们的发展模式、管理模式、商业模式、盈利模式等，重点是要创新发展模式和盈利模式，要与互联网经济社会特征相匹配，探索出具有大宗商品交易特色的大宗运营模式。

第四节　新华浙江大宗商品交易中心争夺全球话语权案例[①]

一、 新华浙江大宗商品交易中心概况

新华浙江大宗商品交易中心由新华社中经社控股有限公司和杭州兴利投资有限公司共同发起。2013 年 1 月 5 日，新华浙江大宗商品交易中心在杭州正式签约组建。同年 7 月 6 日，新华浙江大宗商品交易中心正式宣告成立。交易中心在构建中，得到了新华社党组及浙江省、杭州市两级党委政府的大力支持。原浙江省委常委、省委组织部部长斯鑫良出任交易中心监事会主席，原杭州市常务副市长、杭州银行董事长马时雍出任交易中心独立董事。

作为新华社控股并隆重推出的大宗商品交易机构，新华浙江大宗商品交易中心是新华社全球商品定价权战略布局的重要一环。"立足浙江、辐射全国、影响世界"是各级领导对新华浙江大宗商品交易中心的期许，也是增强中国在全球大宗商品市场话语权的战略目标。

新华浙江大宗商品交易中心突出"交易规模大、市场参与度高"等特点，以"服务实体经济"为根本宗旨，为实体经济在生产供应销售等环节提供多维金融关怀，在社会产能纬度内提供全方位服务，解决企业所需。交易中心严格遵守相关法规，积极推进金融创新，构建"公开、公平、公正"的市场环境，力求更多企业群体和个人参与到市场中来，成为杭州、浙江乃至中国经济发展的助推器。经过短时间运作，新华浙江大宗商品交易中心发展迅猛，已形成了四大业务板块，

---

① 本节的案例均根据本课题组考察调研整理而得。

发布了新华杭州大宗商品指数，正式上线白银等交易品种，并在重庆、湖北、河南、福建等地分别建立了 8 家区域运营中心。

新华浙江大宗商品交易中心作为杭州市首家大宗商品交易机构，探索开展大宗商品现货电子交易，业务涵盖贵金属、有色金属、石化产品等领域。同时，采集国内外主要大宗商品生产、交易市场的数据，梳理、编制和发布新华（杭州）大宗商品系列指数。

二、 新华浙江大宗商品交易中心建设的优势及制约因素

1. 新华浙江大宗商品交易中心建设的优势

（1）品牌优势。品牌优势是品牌在其运营的过程中，积累的一切有利品牌发展的物质和精神的整体表现。品牌定位是经常向消费者宣传的那部分品牌识别，目的是有效地建立品牌与竞争者的差异性，在消费者心智中占据一个与众不同的位置。与国内同类大宗商品交易中心相比，新华浙江大宗商品交易中心的品牌优势明显。新华社是中国乃至世界闻名的新闻媒介，在国际上享有较高的知名度。近年来，新华浙江大宗商品交易中心取得了一定的成绩，已上线 11 个交易品种，完成了 18 个区域运营中心建设，基本形成覆盖全国的业务网络体系，合规经营和风险管理机制不断完善，员工队伍建设不断加强，交易模式不断优化，金融服务能力不断增强，服务实体经济的道路越走越宽，在交易量、交收量、税收贡献等多个方面位居行业前列，在市场上拥有了较大的影响力和良好的品牌形象。

（2）资讯优势。新华浙江大宗商品交易中心能够依托新华社全球信息资源采集优势，它是新华社加快推进战略转型，依托国家级重大项目金融信息平台建设，服务地方经济转型发展的一项具体举措。新华社依托全球新闻信息采集网络，运用国际化信息电子处理平台，形成了权威、准确、及时的系列信息产品。新华社每天通过卫星系统，分别向海内外及中央、省市等各级媒介和社会集团播发 50 多万字的经济信息和 200 多种权威信息产品，其内容包括宏观经济信息、行业微

观信息以及根据用户需求编发的特供信息，各类经济信息辐射社会经济生活的各个领域，形成了多层次、多品种、立体化的产品格局，全方位为政府和企事业单位提供最及时的信息支撑。作为中国信息市场最大的内容提供商，新华社拥有 20 多万家国内用户，为 20 多个欧美、亚太国家和地区提供优质信息服务。借助新华社遍布全球的信息采集网络和先进的信息传输技术，新华浙江大宗商品交易中心可以为交易商提供最新最全的优势新闻及资讯，保证大宗商品交易商掌握第一手的资料。

（3）机制优势。新华浙江大宗商品交易中心大力推进机制创新工作，促进交易所机制体制、运营模式、市场推广举措、科学技术、产业发展等方面的创新工作，使交易中心的机制优势明显，对经济信号反应灵敏，能够把资源配置到效益比较好的环节中去，实行优胜劣汰。中心以电子商务形式打破买卖双方的空间和时间限制，拓宽贸易市场，通过商品交易订货金，锁定货物价格，降低波动风险，减少贸易中心环节，减低市场进入壁垒，严格的信用体系能有效规避"三角债"等资金风险。此外，中心依托新华（杭州）大宗商品指数发布中心，构建现货市场的价格发现服务体系。

（4）市场基础及政策优势。新华浙江大宗商品交易中心拥有庞大的市场基础，增加了商品的流动性。中心在全国各地分期、分批建立 20 家现货仓储中心，以点带面，对现货商品的仓储存取进行整合，实行"市场化动作，国际化经营，专业化管理"。中心融通全国的自有物流网络，辅助现货交收仓储中心进行商品货物的异地调拨与发送；以线下现货商品为依托，与银行、保险机构以及仓储物流企业深度合作，引入供应链融资，充分发挥金融杠杆作用。借助新华社信息优势，发挥"以权威资讯影响交易决策，以交易体现和创造资讯价值"的资讯导向功能。

新华浙江大宗商品交易中心是浙江省完善要素平台建设，打造"金融强省"和"长三角南翼金融中心"的重点项目，在构建中获得了浙江省和杭州市的大力支持，浙江省和杭州市也先后出台了一系列配套政策。总之，中心实力雄厚、资源丰富、享受优质的发展配套政策资源。

2. 新华浙江大宗商品交易中心建设的制约因素

"立足浙江、辐射全国、影响世界"是新华浙江大宗商品交易中心增强中国在全球大宗商品市场话语权的战略目标。中心的宗旨是打造成为世界级大宗商品现货电子市场，发展目标是最终成就全球最大的大宗商品交易中心。根据战略定位，新华浙江大宗商品交易中心致力于推动中国商品流通标准化、现代化建设，规范中国商品交易定价体系，为中国商品在国际市场争取定价权，为中国经济持续健康发展服务。新华浙江大宗商品交易中心能否顺利建成全球最大的大宗商品交易中心取决于诸多因素。这些制约因素既有内在的原因，也有外部环境因素。

从外部环境来看，国际大宗商品价格的波动势必会影响到新华浙江大宗商品交易中心的发展。2008 年金融危机席卷全球之后，大宗商品价格在国际市场遭遇沉重压力。由于美国经济复苏乏力，日本经济持续疲弱，欧洲经济止步不前，以及新兴市场经济体也出现疲软局面，国际市场对大宗商品的需求显著萎缩，尤其是 2015 年，大宗商品价格一片惨淡。据世界银行的统计，全球投资增长速度从 2010 年的 7.1％到 2015 年骤降至 1.6％，使出口大宗商品的新兴市场和发展中经济体遭受重创。2016 年大宗商品开始好转，进入 2017 年仍呈现整体走强的势头，但是全球大宗商品市场将会继续处于再平衡过程。据世界银行最近发布的《大宗商品市场前景》报告预测，能源类和非能源类大宗商品价格指数 2017 年分别上涨 26％和 3％。从国内层面看，目前我国的商品市场体系建设不完善，国家对中远期市场发展政策不明朗，缺乏权威的法律法规和规章制度，这给新华浙江大宗商品交易中心的发展带来了不确定性。一些重要种类的大宗商品交易，民营企业还无法与国有企业竞争，市场培育难度较大。此外，国内大宗商品交易中心重复建设，同质化现象严重，行业恶性竞争、违规操作等行为屡禁不止，这些都为大宗商品交易中心的建设带来了不利影响。

从内在因素来看，与纽约商品交易所、伦敦金属交易所、芝加哥期货交易所等国际性大宗商品交易所相比，新华浙江大宗商品交易中心在交易中心科学管理、交易运行风险控制、硬软件环境等方面存在较大的差异。同时，新华浙江大宗商品交易中心人才缺乏，特别是缺乏既熟悉国际大宗商品交易规则又懂管理的高端人才。

三、 新华浙江大宗商品交易中心争夺国际话语权的策略分析

1. 服务实体经济，立足国内市场

浙江是市场大省，"浙江制造"名闻遐迩，但在要素市场建设方面还较为滞后。因此加快建设和完善大宗商品交易市场，提升传统大宗商品交易方式与手段，提高"浙江制造"在大宗商品方面的话语权、定价权，是浙江顺利实现经济转型、服务实体经济的重要任务。自成立之日起，新华浙江大宗商品交易中心一直以服务实体经济为己任，促进浙江产业结构转型，推动浙江要素市场的国际化和跨越式发展。

（1）搭建交易平台，降低企业生产成本。2014 年 7 月 18 日，中博实业发展总公司与中国纺织建设规划院、中国棉纺织行业协会联合签署战略合作协议，共同组织实施新华浙江大宗商品交易中心棉花、纱线电子交易平台项目运作。同年 9 月，新华浙江大宗商品交易中心棉花、纱线电子交易平台上线。首批包括棉花、纯棉普梳 32 支针织纱、纯棉普梳 32 支机织纱、纯棉精梳 40 支针织纱、纯棉精梳 40 支机织纱五个品种。新华大宗棉花、纱线品种上线试运营交易，是落实中国证监会关于建立多层次商品市场的政策，扶持实体企业发展、推动纺织工业转型升级的重要举措。该项目的实施，将大大拓展棉花、纱线等纺织品现货交易市场及相关金融市场发展的广度和深度，促进和帮助纺织企业利用好金融工具，提高国际竞争力，提升我国棉花、纱

线等纺织品在国际市场上的定价权、话语权。

同时，中心全新推出新华中博 Big Market B2B 电子现货交易平台纺织专区，配合棉花、纱线的上线交易。平台除提供线上商品交易、信息咨询、企业宣传等基础性服务外，还将依托广泛的行业专家资源，为广大企业提供发展规划、技术合作、生产经营咨询、金融服务等全方位增值服务。未来，将根据市场发展需要，适时调整完善交易品种，为纺织企业提供风险对冲、商品采购及投资工具，促进纺织工业稳定发展。

自首期能化品种 PTA、乙二醇上线试运行以来，交易中心能化团队几乎走遍了江浙沪石化产业链上的所有龙头企业，力求在交易规则设计、现货交收、物流配送、融资、信息服务等方面尽可能地贴近产业的实际情况。中心立足产业、服务实体经济的理念，也赢得了企业的信赖和支持，为中心的发展奠定了良好的基础。

（2）提供金融服务，拓宽企业融资渠道。除了搭建交易平台之外，新华浙江大宗商品交易中心为服务实体经济做出的最切实有效的举措是为参与到这个平台中的中小企业提供系列金融服务，包括供应链融资、仓单（现货提单）质押业务、委托贷款等，为一些中小企业提供实实在在的融资帮助。为此，中心与银行等金融机构开展全方位战略合作关系，就票据池、资金池、仓单质押、物流中心、现金管理、财富管理、供应链融资、开证业务等为线上交易企业提供更全面、更个性的综合金融服务，从而为实体经济以销定产、降低交易成本、规避经营风险提供新的途径和方式。

2. 创新交易模式，与国际市场接轨

（1）创新分散式柜台交易模式。针对集中交易、电子撮合、匿名交易等方式风险过于集中的缺陷，新华浙江大宗商品交易中心在首个交易品种新华白银交易中进行了交易模式创新，采用分散式柜台模式进行交易，以伦敦现货白银市场价格为基础，综合国内白银市场价格及中国人民银行人民币兑美元基准汇率，连续报出现货白银的人民币中间指导价，整个交易模式与国际市场接轨。2013年8月23日，交易中心首个交易品种——新华银正式上线。在很短期限内，已签约27家会员单位进行市场推广交易。

中心推出的白银产品具有四大交易优势：一是创新推出国内大宗商品工业白银现货交易制度，提高交易交收的流动性，维持价格的有效性，充分考虑了现货企业产品资金周转较快的特点，提高交易的频率，对于扶持实体企业发展有积极的现实意义；二是依靠新华社遍布全球的分支机构，发挥全球资源采集优势，及时获得全球大宗商品市场生产、交易数据，有助于及时掌握全球大宗商品市场变化动态，紧密跟进国际报价，保证报价符合市场实情；三是监管严格，保证交易公平公正，交易资金由客户、新华浙江大宗商品交易中心、银行三方签订协议，由银行进行第三方托管，保证资金安全；四是创新采用分散式柜台交易模式，交易所维护交易按照"三公"原则持续开展，因而解决了撮合制交易模式里风险集中的问题，为投资者和保值者带来了更多的成交机会，也避免了在撮合制交易所里不得不设置涨跌停板带来的客户无法成交止损的问题。

作为浙江省发展新型要素市场、打造"浙商回归"平台的重点项目，首推白银产品有利于该产品产业结构调整，优化价格形成机制，同时又由于身处市场大省浙江，地理位置的优势为现货企业提供了低风险、高效率的交易市场和管理手段，能切实促进浙江实体经济发展；并能更好服务于浙江资本，推动浙江现货白银市场乃至金融市场发展的广度和深度，最终提升我国白银在国际市场上的定价权、话语权及对全球金融市场影响力。

（2）多种交易模式并行集合运营。为了解决现货交易平台产品单一化不能满足客户多种交易需求问题，新华浙江大宗商品交易中心根据交易品种的属性，构建了贵金属、能源化工、金属和农副产品四大板块。其中，新华大宗贵金属交易秉持服务实体经济、打造要素平台的宗旨，促进国内贵金属交易市场与国际接轨，力争使新华大宗成为在国内外有影响力的交易市场。能源化工板块是中心的核心板块之一，充分利用华东地区 PTA、MEG 等化工产品的生产优势，为全面吸引和推动浙商资本的回归，发挥积极的引导作用。金属板块立足浙江辐射全国，努力打造成国内最集中、最大的金属现货交易平台。农副产品板块以政府政策及方针为导向，努力打造国内知名的农副产品现货交易平台。

针对不同交易产品的特点，新华浙江大宗商品交易中心采用了多种交易模式并行的方式，通过挂牌交易、现货递延交易等模式集合运营，突破现货交易平台产品单一化、参与度不高的状况，满足多种交易需求，实实在在地为合作单位、现货企业服务。

3. 打造指数发布中心，增强全球大宗商品话语权

目前，我国大宗商品国际定价权缺失严重，尤其在石油、燃料油、大豆等商品的国际贸易中缺少定价话语权，主要原因在于：我国期货市场规模较小，不利于参与大宗商品的国际定价；企业行业集中度低，没有形成对外议价的合力。随着我国经济与世界经济的进一步融合，以及金融危机后国际大宗商品市场价格波动的加剧，国内生产、经营、消费大宗商品的相关企业和部门面临越来越多、更为复杂的风险，如原材料价格大幅上涨或下跌导致企业成本难以控制、企业生产经营计划难以落实、企业购销价格难以确定等，为了解决上述问题，不断提升我国在国际大宗商品市场上的话语权、定价权，切实增强我国企业应对大宗商品价格变化的能力成为当务之急，新华（杭州）大宗商品指数应运而生。

作为新华社国际大宗商品定价权战略的重要组成部分，新华社依托新华浙江大宗商品交易中心组建了新华（杭州）大宗商品指数发布中心，向全球发布中国各类大宗商品价格指数，新华浙江大宗商品交易中心成为国内首家拥有自主创新型指数发布中心的大宗商品交易平台。新华大宗商品指数中心于 2013 年 10 月 12 日正式上线，系列指数包含了黄金、白银、铜、铝、镍、PTA 和农产品七大指数。同时，发布与大宗商品具有较高联动性的环保、生物制药、国防工业、非银、前沿消费、电子商务六大行业的先导指数。

指数研发直接采集自国内主要商品交易所、现货交易市场及生产厂家的实时报价，数据横跨期、现商品，相对一般指数更具超前性和敏感性，对大宗商品未来价格有较好的预测性。目前，新华（杭州）大宗商品指数发布中心已经与中央电视台及香港凤凰卫视合作，向全球发布新华大宗商品系列指数。为进一步增强指数影响力，指数发布中心正在努力寻求更高的合作平台，以更多样的方式、更高的播报频率，逐步提高该指数在全球的影响力，进而增强我国在大宗商品市场上的话语权。

四、 新华浙江大宗商品交易中心争夺国际话语权的启示

1. 战略目标定位清晰

战略目标是对企业战略经营活动预期取得的主要成果的期望值。战略目标具有宏观性、长期性、相对稳定性、全面性、可分性等特点。战略目标的设定，是企业宗旨的展开和具体化，也是企业在既定的战略经营领域展开战略经营活动所要达到的水平的具体规定。对于企业来说，一个清晰的战略目标可以使企业对自己产品的现状进行全面分析，找到自己的最大优势。因此，成功的企业需要一个清晰而明确的战略目标。只有制定了清晰而明确的目标后，企业才有前进的方向，不同的职能部门、不同阶层的员工在工作中才能形成一股合力，从而更好地发挥出企业团队的力量，表现出知识与技能的聚合作用，从而更好地促进战略目标的完成。新华浙江大宗商品交易中心自成立伊始，就确立了建成全球最大的大宗商品交易中心、增强中国在全球大宗商品市场话语权的战略目标。

围绕这一战略目标，新华浙江大宗商品交易中心采取了一系列的措施。在交易模式上，创新了分散式柜台交易模式，并实行多种交易模式并行，力求与国际市场接轨；在组织管理上，学习国内外标杆大

宗商品交易所的管理经验，不断加强规范化建设，增强行业自律，提升交易中心的管控能力；在营销策略上，2009 年起发起创立了一年一度的中国（国际）期货资产管理大会，罗杰斯、威廉姆斯、莫里斯、梅拉梅德……群贤毕至，已成为业内最具影响力的国际投资管理交流平台之一。

2. 多种创新促进发展

创新是企业发展之本。创新是一种精神，一种能力，更是可持续发展的一种动力。企业要想实现可持续健康发展，就必须统筹兼顾各个创新环节，协调发展，形成合力，才能全面提升企业的竞争实力和发展潜力。新华浙江大宗商品交易中心在争夺国际话语权的发展过程中，始终坚持以创新促进发展，并通过创新提升了交易中心的国际影响力。

首先，重视产品创新。为紧贴大宗商品市场实际和投资者偏好，补足江浙一带企业用户和投资者的贵金属投资需求，新华浙江大宗商品交易中心创新推出国内大宗商品工业白银现货交易制度，推动浙江现货白银市场乃至金融市场发展，最终提升我国白银在国际市场上的定价权、话语权及对全球金融市场影响力。2014 年 9 月，交易中心创新推出棉花、纱线五个品种，扶持实体企业发展，推动纺织工业转型升级。通过产品创新，交易中心一方面实现了差异化发展，赢得了国内市场，另一方面提升了相关产品在国际市场上的定价权、话语权。

其次，重视模式创新。商业模式创新是把新的商业模式引入社会的生产体系，并为客户和自身创造价值，通俗地说，商业模式创新就是指企业以新的有效方式赚钱。在全球化浪潮冲击、技术变革加快及商业环境变得更加不确定的时代，决定企业成败最重要的因素，不是技术，而是它的商业模式。商业模式创新被认为能带来战略性的竞争优势，是新时期企业应该具备的关键能力。新华浙江大宗商品交易中心注重商业模式创新，在白银上市中采用了分散式柜台交易模式。此外，交易中心实行挂牌交易、现货递延交易等多种模式集合运营，突破了现货交易平台产品单一化、参与度不高的状况，满足了客户的多种交易需求，并与国际市场相接轨。

再其次，注重机制创新。机制创新是企业为优化各组成部分之间、各生产经营要素之间的组合，提高效率，增强整个企业的竞争能力而在各种运营机制方面进行的创新活动，包括动力机制、运行机制、发展机制等方面的创新。在动力机制方面，新华浙江大宗商品交易中心根据四大业务板块分别组建了专业化的团队，制定了较合理的奖惩制度，激发企业员工的积极性。在运行机制方面，交易中心按照产权清晰、权责明确、政企分开、管理科学的现代企业制度要求，不断健全完善企业法人治理结构，创新企业的运行程序和管理制度，增强了企业的活力。在发展机制方面，交易中心注重高级人才的引进与培养，依托新华社强大的信息搜集机构，及时跟踪国际国内大宗商品发展动态，积极组建战略联盟实现优势互补，不断谋求创新发展的机制。

最后，关注服务创新。为更好发挥浙江新华大宗商品交易中心服务实体经济的职能，构建"公开、公平、公正"的"多层次大宗商品市场体系"，本着"先行先试、多种创新相结合"的运营方针，新华大宗积极推动交易交收模式的创新及产业链、供应链金融服务的创新。交易中心在省委省政府和金融主管部门的指导与支持下，已与全国多家国家及商业银行达成合作，如中国农业银行、中国工商银行、中国建设银行、兴业银行、浦发银行、杭州银行等，资金托管阵容正不断扩大中，方便交易者随时随地开户交易；同时推动相关仓储质押、供应链金融等一系列有助于解决现货企业融资难题的金融配套服务。交易中心以大宗商品实体企业和终端消费群体的需求为根本，重点提升为实体企业提供去产能、降杠杆、优化供给、防范风险等方面的服务能力，发挥大宗商品交易市场普惠金融作用，为实体经济服务，努力将新华浙江大宗商品交易中心打造成具有大宗商品国际定价权与话语权的交易平台。

3. 合规经营防范风险

首先，以"合规、合法"经营为准绳。合规性是大宗商品交易平台生存发展的前提，否则会受到监管部门的取缔。合规是指各类交易行为遵循法律法规、监管要求和规则、自律性组织制定的有关准则、已经适用于行业自身业务活动的行为准则。新华浙江大宗商品交易中心始终坚持合规经营理念不动摇，严格遵守相关法规，在国家法律法规范围内开展大宗商品现货电子交易，监管严格保证交易公平公正，交易资金由客户、新华浙江大宗商品交易中心、银行三方签订协议，由银行进行第三方托管，保证资金安全。

其次，不断完善监管机制。交易中心学习借鉴国际上先进大宗商品交易所的经验，不断强化监管，以"公开、公平、公正"为原则，健全相应的规章制度和管理流程，确保交易所上市企业信息透明、真实、有效、及时对外公布，提升交易所监察机构的公信力和执行力，完善相应的督查制度、问责制度、追究制度。此外，交易中心在浙江省商务厅的支持下联合省内交易场所，组建行业自律组织，另外，还在省金融办的领导下构建了横跨多个金融领域的机构，旨在进行行业自律、规范，开展沟通交流的机构，也定期和证监会、银监会等监管机构汇报、交流情况，促进行业规范发展。

最后，加强对会员的规范化管理。会员单位是交易市场发展的"基石"，是新华大宗面向投资者和现货企业的窗口，加强对会员的监督管理是严格落实交易中心的各项工作要求，加强合规运营建设，提升业务发展水平的重要抓手。为促进会员合规经营，交易中心出台了《新华浙江大宗商品交易中心会员分级管理办法（试行）》，实行会员评级制度，并规定了相应的奖惩制度。

参考文献

［1］白晓娟，王静．我国大宗商品电子商务交易模式及发展趋势［J］．中国物流与采购，2014（11）：70-71.

［2］蔡进．大宗商品现代流通将终结企业单体竞争［N］．中国企业报，2014－07－29（13版）．

［3］查志强．海洋经济国家战略下的舟山大宗商品交易中心建设［J］．港口经济，2011（10）：12-15.

［4］陈超，马春光．中国大宗商品期货交割库空间布局及影响因素［J］．地理科学，2017，37（1）：125-129.

［5］葛卫芬．大宗商品交易市场建设的国内外经验及其启示［J］．中共宁波市委党校学报，2012，34（4）：69-75.

［6］韩立岩，尹力博．投机行为还是实际需求？——国际大宗商品价格影响因素的广义视角分析［J］．经济研究，2012（12）：83-96.

［7］胡越明．大宗商品进口量与价格关系研究——以浙江为例［J］．中国市场，2014（2）：78-80.

［8］纪边．新华浙江大宗商品交易中心——"一带一路"大宗商品的新蓝海［N］．期货日报，2015－06－09（4版）．

［9］贾国华．大宗商品中远期交易模式创新及其相关法律问题探析［J］．天津商业大学学报，2011（5）：49-53，60.

［10］蒋天颖，麻黎黎．浙江省大宗商品交易市场空间分布及区位选择［J］．经济地理，2016，36（7）：107-113.

［11］蒋天颖．大宗商品交易平台建设现状与运作机制——以宁波为例［M］．杭州：浙江大学出版社，2015.

［12］李书彦．大宗商品交易市场建设与政府服务——以宁波为例
［J］．企业经济，2014（4）：166-169.

［13］李书彦．大宗商品金融化对我国农产品贸易条件的影响
［J］．农业经济问题，2014（4）：51-57.

［14］李书彦．浙江建设大宗商品国际贸易与物流中心的探讨
［J］．宏观经济管理，2013（10）：81-82.

［15］林淑华．国际大宗商品价格对国内商品价格传导的实证检验
［D］．大连：东北财经大学，2012.

［16］刘道学等．中国中小企业景气指数研究报告（2012）［M］．
北京：经济科学出版社，2012.

［17］刘莉．中国大宗商品电子交易市场存在问题及发展趋势研究
［J］．宁波大学学报（人文版），2015（2）：88-93.

［18］刘璐，闵楠．国际大宗商品价格冲击与中国宏观经济波
动——基于金融危机前后的比较研究［J］．世界经济研究，2017（3）：
3-13.

［19］刘人宽．国际大宗商品综合价格对中国大宗商品市场价格的
联动效应研究［D］．上海：复旦大学，2013.

［20］刘宇宁．应看力解决找国大宗商品国际定价权缺失问题
［J］．经济纵横，2013（10）：32-34.

［21］吕立邦等．供给侧改革背景下流通行业存在的问题与对策
［J］．经济问题，2016（12）：86-88.

［22］曲立峰．我国农产品期货市场发展问题研究［D］．大连：
东北财经大学，2002.

［23］任月红．从余姚中国塑料城的实践看传统专业市场的转型升
级［J］．政策瞭望，2012（7）：45-46.

［24］桑恩伟．舟山大宗商品交易国际化之路［J］．浙江经济，
2012（2）：48-49.

［25］沈云慈．宁波大宗商品产业发展存在问题与应对之策［J］．

宁波经济：三江论坛，2015（10）：13-16.

［26］石晓梅，冯耕中，邢伟．中国大宗商品电子交易市场经济特征与风险分析［J］．情报杂志，2010，29（3）：191-195.

［27］苏治，尹力博，方彤．量化宽松与国际大宗商品市场：溢出性、非对称性和长记忆性［J］．金融研究，2015（3）：68-82.

［28］谭小芬，任洁．国际大宗商品价格波动中的中国因素——基于2000—2013年月度数据和递归VAR模型的分析［J］．财贸经济，2014，35（10）：114-124.

［29］王东亚．中国大宗商品电子交易市场建设研究［J］．特区经济，2012（2）：133-136.

［30］王海玲．大宗商品交易的供应链资金流管理研究［D］．北京：对外经济贸易大学，2014.

［31］王军锋，江阎．新常态下服务业发展机遇与挑战——浙江省大宗商品贸易问题研究［J］．经济丛刊，2015（5）：36-38.

［32］王军锋．宁波大宗商品贸易发展的着力点及其支撑［J］．宁波经济（三江论坛），2016（4）：9-13.

［33］王万山，伍世安．我国争取大宗进口物资国际定价权的基本策略［J］．贵州财经大学学报，2006（5）：14-18.

［34］王微．"十二五"中国流通产业发展前景［J］．中国流通经济，2011（11）：27-29.

［35］王志兵．论我国大宗商品电子交易市场［J］．市场论坛，2010（12）：46-48.

［36］吴海霞，葛岩，史恒通等．农产品金融化对玉米价格波动的传导效应研究［J］．厦门大学学报：哲学社会科学版，2017（2）：138-148.

［37］吴佳颖．大宗商品贸易金融风险预警研究［D］．济宁：曲阜师范大学，2016.

［38］许良．大宗商品电子交易市场的物流与金融模式研究［J］．

中国市场，2014（35）：13-15.

［39］许祥云，何恋恋，高灵利．农产品政策如何影响国际市场对国内期货市场的价格传递效应——以棉花和豆类产品的收储及补贴政策为例［J］．世界经济研究，2016（6）：55-68.

［40］杨丹萍，杨秀秀．浙江省大宗商品交易市场发展研究［J］．宁波大学学报（人文版），2013（6）：95-100.

［41］杨胜刚，成博．股票市场与大宗商品市场互动特征比较研究［J］．当代财经，2014（6）：57-66.

［42］尹仲迪．天津大宗商品交易所发展对策研究［D］．天津：天津财经大学，2014.

［43］郑砚农．大宗商品电子商务发展趋势及模式创新［J］．煤炭经济研究，2014（9）：8-10，22.

［44］周旭．商品现货批发市场的转型升级与创新发展［J］．中国物流与采购，2015（24）：71.

［45］朱相诚，王永龙．大宗商品交易市场的行业联合对策——基于宁波大宗商品交易市场的个案研究［J］．中国流通经济，2016，30（6）：102-109.

［46］朱艳敏，张二华，郑长娟．现代服务业商业模式创新及启示：基于宁波典型企业的案例分析［M］．北京：中国财政经济出版社，2016.

［47］Awokuse T. O. ，Yang J. . The informational role of commodity prices in formulating monetary policy：areexamination［J］． *Economics Letters*，2003，79（2）：219-224.

［48］Chen G. ，Firth M. ，Xin Y. . The Price-Volume Relationship in China's Commodity FuturesMarkets［J］． *Chinese Economy*，2004，37（3）：87-122.

［49］Fretheim T. ，Kristiansen G. . Commodity market risk from 1995 to 2013：An extreme value theory approach［J］． *Applied Eco-*

nomics，2015，47（26）：2768-2782.

　　[50] Fung H. G. , Tse Y. , Yau J. , et al. A leader of the world commodity futures markets in the making? The case of China's commodity futures [J] . *International Review of Financial Analysis*, 2013，27：103-114.

　　[51] Fung H. G. , Tse Y. . The information flow and market efficiency between the US and Chinese aluminum and copper futuresmarkets [J] . *Journal of Futures Markets*, 2010，30（12）：1 192-1 209.

　　[52] Hou Y. , Li S. . Price discovery in Chinese stock index futures market: New evidence based on intradaydata [J] . *Asia-Pacific Financial Markets*, 2013：1-22.

　　[53] Hua R. , Chen B. . International linkages of the Chinese futures markets [J] . *Applied Financial Economics*, 2007，17（16）：1 275-1 287.

　　[54] Jia R. L. , Wang D. H. , Tu J. Q. , et al. Correlation between agricultural markets in dynamic perspective-Evidence from China and the US futures markets [J] . *Physica A: Statistical Mechanics and its Applications*, 2016，464：83-92.

　　[55] Kavussanos M. G. , Visvikis I. D. , Dimitrakopoulos D. N. . Economic spillovers between related derivatives markets: The case of commodity and freight markets [J] . *Transportation Research Part E: Logistics and Transportation Review*, 2014，68：79-102.

　　[56] Park A. , Jin H. , Rozelle S. , et al. Market emergence and transition: Arbitrage, transaction costs, and autarky in China's grainmarkets [J] . *American Journal of Agricultural Economics*, 2002，84（1）：67-82.

　　[57] Tropeano D. . Hedging, Arbitrage, and the Financialization

of Commodities Markets ［J］. *International Journal of Political E-conomy*, 2016, 45 (3): 241-256.

［58］ Wang H. H., Ke B.. Efficiency tests of agricultural commodity futures markets in China ［J］. *Australian Journal of Agricultural and Resource Economics*, 2005, 49 (2): 125-141.

［59］ Xin Y., Chen G., Firth M.. The efficiency of the Chinese commodity futures markets: Development and empirical evidence ［J］. *China & World Economy*, 2006, 14 (2): 79-92.

［60］ Zaman Peter, Brown Claude. How Native Interest Rates Affect Commodity Derivatives and Collateral Transactions in the European Markets ［J］. Journal of Taxation and Regulation of Financial Institutions, 2015, 28 (6): 47-51.

附录一

近年来国家及浙江省大宗商品
流通行业政策法规选编

《中华人民共和国电子签名法》

（2004 年 8 月 28 日第十届全国人民代表大会常务委员会第十一次会议通过根据 2015 年 4 月 24 日第十二届全国人民代表大会常务委员会第十四次会议《关于修改〈中华人民共和国电力法〉等六部法律的决定》修正）

第一章　总则

第一条　为了规范电子签名行为，确立电子签名的法律效力，维护有关各方的合法权益，制定本法。

第二条　本法所称电子签名，是指数据电文中以电子形式所含、所附用于识别签名人身份并表明签名人认可其中内容的数据。

本法所称数据电文，是指以电子、光学、磁或者类似手段生成、发送、接收或者储存的信息。

第三条　民事活动中的合同或者其他文件、单证等文书，当事人可以约定使用或者不使用电子签名、数据电文。

当事人约定使用电子签名、数据电文的文书，不得仅因为其采用电子签名、数据电文的形式而否定其法律效力。

前款规定不适用下列文书：

（一）涉及婚姻、收养、继承等人身关系的；

（二）涉及土地、房屋等不动产权益转让的；

（三）涉及停止供水、供热、供气、供电等公用事业服务的；

（四）法律、行政法规规定的不适用电子文书的其他情形。

第二章　数据电文

第四条　能够有形地表现所载内容，并可以随时调取查用的数据电文，视为符合法律、法规要求的书面形式。

第五条　符合下列条件的数据电文，视为满足法律、法规规定的原件形式要求：

（一）能够有效地表现所载内容并可供随时调取查用；

（二）能够可靠地保证自最终形成时起，内容保持完整、未被更改。但是，在数据电文上增加背书以及数据交换、储存和显示过程中发生的形式变化不影响数据电文的完整性。

第六条　符合下列条件的数据电文，视为满足法律、法规规定的文件保存要求：

（一）能够有效地表现所载内容并可供随时调取查用；

（二）数据电文的格式与其生成、发送或者接收时的格式相同，或者格式不相同但是能够准确表现原来生成、发送或者接收的内容；

（三）能够识别数据电文的发件人、收件人以及发送、接收的时间。

第七条　数据电文不得仅因为其是以电子、光学、磁或者类似手段生成、发送、接收或者储存的而被拒绝作为证据使用。

第八条　审查数据电文作为证据的真实性，应当考虑以下因素：

（一）生成、储存或者传递数据电文方法的可靠性；

（二）保持内容完整性方法的可靠性；

（三）用以鉴别发件人方法的可靠性；

（四）其他相关因素。

第九条　数据电文有下列情形之一的，视为发件人发送：

（一）经发件人授权发送的；

（二）发件人的信息系统自动发送的；

（三）收件人按照发件人认可的方法对数据电文进行验证后结果相符的。

当事人对前款规定的事项另有约定的，从其约定。

第十条 法律、行政法规规定或者当事人约定数据电文需要确认收讫的，应当确认收讫。发件人收到收件人的收讫确认时，数据电文视为已经收到。

第十一条 数据电文进入发件人控制之外的某个信息系统的时间，视为该数据电文的发送时间。

收件人指定特定系统接收数据电文的，数据电文进入该特定系统的时间，视为该数据电文的接收时间；未指定特定系统的，数据电文进入收件人的任何系统的首次时间，视为该数据电文的接收时间。

当事人对数据电文的发送时间、接收时间另有约定的，从其约定。

第十二条 发件人的主营业地为数据电文的发送地点，收件人的主营业地为数据电文的接收地点。没有主营业地的，其经常居住地为发送或者接收地点。

当事人对数据电文的发送地点、接收地点另有约定的，从其约定。

第三章 电子签名与认证

第十三条 电子签名同时符合下列条件的，视为可靠的电子签名：

（一）电子签名制作数据用于电子签名时，属于电子签名人专有；

（二）签署时电子签名制作数据仅由电子签名人控制；

（三）签署后对电子签名的任何改动能够被发现；

（四）签署后对数据电文内容和形式的任何改动能够被发现。

当事人也可以选择使用符合其约定的可靠条件的电子签名。

第十四条 可靠的电子签名与手写签名或者盖章具有同等的法律效力。

第十五条 电子签名人应当妥善保管电子签名制作数据。电子签名人知悉电子签名制作数据已经失密或者可能已经失密时，应当及时告知有关各方，并终止使用该电子签名制作数据。

第十六条　电子签名需要第三方认证的，由依法设立的电子认证服务提供者提供认证服务。

第十七条　提供电子认证服务，应当具备下列条件：

（一）取得企业法人资格；

（二）具有与提供电子认证服务相适应的专业技术人员和管理人员；

（三）具有与提供电子认证服务相适应的资金和经营场所；

（四）具有符合国家安全标准的技术和设备；

（五）具有国家密码管理机构同意使用密码的证明文件；

（六）法律、行政法规规定的其他条件。

第十八条　从事电子认证服务，应当向国务院信息产业主管部门提出申请，并提交符合本法第十七条规定条件的相关材料。国务院信息产业主管部门接到申请后经依法审查，征求国务院商务主管部门等有关部门的意见后，自接到申请之日起四十五日内作出许可或者不予许可的决定。予以许可的，颁发电子认证许可证书；不予许可的，应当书面通知申请人并告知理由。

取得认证资格的电子认证服务提供者，应当按照国务院信息产业主管部门的规定在互联网上公布其名称、许可证号等信息。

第十九条　电子认证服务提供者应当制定、公布符合国家有关规定的电子认证业务规则，并向国务院信息产业主管部门备案。

电子认证业务规则应当包括责任范围、作业操作规范、信息安全保障措施等事项。

第二十条　电子签名人向电子认证服务提供者申请电子签名认证证书，应当提供真实、完整和准确的信息。

电子认证服务提供者收到电子签名认证证书申请后，应当对申请人的身份进行查验，并对有关材料进行审查。

第二十一条　电子认证服务提供者签发的电子签名认证证书应当准确无误，并应当载明下列内容：

（一）电子认证服务提供者名称；

（二）证书持有人名称；

（三）证书序列号；

（四）证书有效期；

（五）证书持有人的电子签名验证数据；

（六）电子认证服务提供者的电子签名；

（七）国务院信息产业主管部门规定的其他内容。

第二十二条　电子认证服务提供者应当保证电子签名认证证书内容在有效期内完整、准确，并保证电子签名依赖方能够证实或者了解电子签名认证证书所载内容及其他有关事项。

第二十三条　电子认证服务提供者拟暂停或者终止电子认证服务的，应当在暂停或者终止服务九十日前，就业务承接及其他有关事项通知有关各方。

电子认证服务提供者拟暂停或者终止电子认证服务的，应当在暂停或者终止服务六十日前向国务院信息产业主管部门报告，并与其他电子认证服务提供者就业务承接进行协商，作出妥善安排。

电子认证服务提供者未能就业务承接事项与其他电子认证服务提供者达成协议的，应当申请国务院信息产业主管部门安排其他电子认证服务提供者承接其业务。

电子认证服务提供者被依法吊销电子认证许可证书的，其业务承接事项的处理按照国务院信息产业主管部门的规定执行。

第二十四条　电子认证服务提供者应当妥善保存与认证相关的信息，信息保存期限至少为电子签名认证证书失效后五年。

第二十五条　国务院信息产业主管部门依照本法制定电子认证服务业的具体管理办法，对电子认证服务提供者依法实施监督管理。

第二十六条　经国务院信息产业主管部门根据有关协议或者对等原则核准后，中华人民共和国境外的电子认证服务提供者在境外签发的电子签名认证证书与依照本法设立的电子认证服务提供者签发的电子签名认证证书具有同等的法律效力。

第四章　法律责任

第二十七条　电子签名人知悉电子签名制作数据已经失密或者可能已经失密未及时告知有关各方、并终止使用电子签名制作数据，未向电子认证服务提供者提供真实、完整和准确的信息，或者有其他过错，给电子签名依赖方、电子认证服务提供者造成损失的，承担赔偿责任。

第二十八条　电子签名人或者电子签名依赖方因依据电子认证服务提供者提供的电子签名认证服务从事民事活动遭受损失，电子认证服务提供者不能证明自己无过错的，承担赔偿责任。

第二十九条　未经许可提供电子认证服务的，由国务院信息产业主管部门责令停止违法行为；有违法所得的，没收违法所得；违法所得三十万元以上的，处违法所得一倍以上三倍以下的罚款；没有违法所得或者违法所得不足三十万元的，处十万元以上三十万元以下的罚款。

第三十条　电子认证服务提供者暂停或者终止电子认证服务，未在暂停或者终止服务六十日前向国务院信息产业主管部门报告的，由国务院信息产业主管部门对其直接负责的主管人员处一万元以上五万元以下的罚款。

第三十一条　电子认证服务提供者不遵守认证业务规则、未妥善保存与认证相关的信息，或者有其他违法行为的，由国务院信息产业主管部门责令限期改正；逾期未改正的，吊销电子认证许可证书，其直接负责的主管人员和其他直接责任人员十年内不得从事电子认证服务。吊销电子认证许可证书的，应当予以公告并通知工商行政管理部门。

第三十二条　伪造、冒用、盗用他人的电子签名，构成犯罪的，依法追究刑事责任；给他人造成损失的，依法承担民事责任。

第三十三条　依照本法负责电子认证服务业监督管理工作的部门

的工作人员，不依法履行行政许可、监督管理职责的，依法给予行政处分；构成犯罪的，依法追究刑事责任。

第五章　附则

第三十四条　本法中下列用语的含义：

（一）电子签名人，是指持有电子签名制作数据并以本人身份或者以其所代表的人的名义实施电子签名的人；

（二）电子签名依赖方，是指基于对电子签名认证证书或者电子签名的信赖从事有关活动的人；

（三）电子签名认证证书，是指可证实电子签名人与电子签名制作数据有联系的数据电文或者其他电子记录；

（四）电子签名制作数据，是指在电子签名过程中使用的，将电子签名与电子签名人可靠地联系起来的字符、编码等数据；

（五）电子签名验证数据，是指用于验证电子签名的数据，包括代码、口令、算法或者公钥等。

第三十五条　国务院或者国务院规定的部门可以依据本法制定政务活动和其他社会活动中使用电子签名、数据电文的具体办法。

第三十六条　本法自 2005 年 4 月 1 日起施行。

《大宗商品电子交易规范》

（大宗商品电子交易规范 GB/T18769—2003 由中华人民共和国国家质量监督检验检疫总局 2003 年 7 月 8 日发布，自 2003-07-08 实施，本标准是对 GB/T 18769—2002《大宗商品电子交易规范》的修订。）

1　范围

本标准规定了大宗商品现货电子交易的参与方要求和电子交易的业务程序。

本标准适用于现货领域的大宗商品电子交易活动，尤其是现货批发市场开展电子交易活动，不适用于期货交易。

2　术语和定义

下列术语和定义适用于本标准。

2.1　大宗商品　Bulk Stock

可进入流通领域，但非零售环节，具有商品属性用于工农业生产与消费使用的大批量买卖的物质商品。

注：大宗商品是本标准中从事电子交易的标的物。

2.2　数据电文　Data Electronic Text

经由电子手段、光学手段、或类似手段生成、储存或传递的信息，这些手段包括电子数据交换（EDI）、电子邮件、电报、电传或传真等。

2.3　电子交易　Electronic Transaction

利用网络提供的通讯手段在网上进行的交易。

2.4　电子交易中心　Electronic Trade Center

为交易商提供及时的开展现货交易的电子商务平台并能够提供配套物流服务的法人。

2.5　交易商　Trader

经由电子交易中心根据有关法律法规及电子交易中心章程的有关规定审核批准，在电子交易中心进行大宗商品电子交易的企业法人。

2.6　交货仓库　Transaction Warehouse

经电子交易中心核准、委托，负责检验、保管交易商进行交易的大宗商品并提供相应担保，为电子交易提供相关物流服务的第三方业务部门。

注：交货仓库的商品库存及动态信息是电子交易中心库存及交易情况的信息来源。

2.7　结算银行　Balance Bank

结算银行是由电子交易中心指定，协助电子交易中心进行交易结算、资金划拨的银行。

3 电子交易参与方

3.1 总则

电子交易中心为交易商提供与电子交易相关的交易、物流、金融、信息等服务，并制定、执行管理制度，监督其他交易参与方行为，保证交易安全、可靠、公平。参与电子交易的交易商、交货仓库、结算银行都由电子交易中心认定其资格，相互之间签订合同，明确相互关系与权利义务。交货仓库配合电子交易中心提供物流服务，按合同要求负责保管在电子交易系统平台中进行交易的大宗商品，为电子交易提供物流保障。结算银行配合电子交易中心提供金融服务，按合同要求负责为电子交易资金流提供监督与保障。

3.2 电子交易中心

电子交易中心依照国家有关规定批准设立。提供可靠、安全、开放的电子交易系统平台，并对电子交易信息管理系统进行维护。电子交易中心应制定章程、交易过程文件和确保过程有效运作、控制的文件。管理、监督交易的进行与履行，采取必要的风险控制制度，以保证合同的履行。

3.2.1 基础设施

能够开展电子交易的基础设施要求如下：

a）满足电子交易的经营场所及设施；

b）满足保管和其他物流配套服务要求的指定交货仓库；

c）电子交易设施和通讯条件完备，满足 24 小时的服务；

d）能保证电子交易过程按本标准要求运作、控制的电子交易系统；

e）有提供配套的物流配送服务的能力；

f）可以实时掌握交货仓库的货物情况；

g）符合有关法律、法规的规定。

3.2.2 交易服务

电子交易中心应提供的交易服务如下：

a）制定并实施电子交易业务规则；

b）安排商品上市交易；

c）管理、监督大宗商品电子交易、结算和交货过程；

d）具有风险防范的措施，并确保措施的实现；

e）监督大宗商品电子交易合同的履行，并有措施保证履约；

f）对交易商的信用情况进行监控与记录，并通过公正的信用评价等级系统来提高网上交易信用度，引导规范、守信的交易作风。

3.2.3 物流配套服务

电子交易中心应提供的物流配套服务如下：

a）能为交易商提供及时、便利的仓储服务、代理运输服务；

b）指定交货仓库，并保证交货仓库的业务过程可控；

c）与交货仓库共同保证交易货物的真实性，并有相应的措施保证。

3.2.4 信息服务

电子交易中心应提供的与电子交易相关的信息服务如下：

a）提供电子交易、结算、交货过程的资料，并确保资料的完整、安全、可控；

b）及时提供电子交易参与方的可公开信息；

c）有能力提供与交易有关的行业综合信息、市场行情及分析；

d）对交易资料的可查询期限不低于合同经济纠纷的追索期；

e）发布的公共信息可通过互联网随时获取；

f）确保交易商核心信息的安全，相关信息不被不正当的利用；

g）有完善的系统安全、数据备份和故障恢复的手段，确保交易商交易数据的安全、完整、准确；

h）交易商的信息、交易指令及交易过程的敏感信息进行可靠加密；

i）通过可靠有效的技术及管理方面措施，确保交易商身份的正确识别认证，确保交易信息的不可抵赖性。

3.2.5　电子交易中心的文件要求

3.2.5.1　总则

电子交易中心的电子交易体系文件应包括：

a）电子交易中心章程；

b）电子交易参与方的管理；

c）电子交易各个过程、环节的管理规定；

d）本标准所要求形成的文件的程序；

e）为确保相关交易过程有效策划、运作和控制所要求的其他文件。

3.2.5.2　电子交易中心章程

电子交易中心章程应包括以下主要内容：

a）目的和职能；

b）名称、地址和营业场所；

c）注册资本；

d）营业期限；

e）组织机构的设置、职权和议事规则；

f）管理人员的产生、任免及其职责；

g）基本业务规则；

h）财务、内部审计制度；

i）变更、终止的条件、程序及清算办法；

j）章程修改程序；

k）需要在章程中规定的其他事项。

3.2.5.3　交易过程文件

电子交易中心对电子交易过程的管理规定应通过一系列文件载明以下基本内容：

a）电子交易的地点、时间；

b）电子交易的模式；

c）电子交易商品及交货期限；

d）电子交易的暂停、恢复与取消程序；

e）电子交易程序及其管理制度；

f）电子交易合同及其管理制度；

g）交易异常情况的处理程序；

h）交易商管理办法；

i）交货仓库管理规定；

j）交货管理制度；

k）交易结算制度；

l）电子交易风险控制制度；

m）交易信息的发布办法；

n）违规、违约行为及其处理办法；

o）仓单管理办法；

p）电子交易的安全保证措施；

q）电子交易信用保证措施；

r）交易纠纷的处理方式；

s）需要在交易业务规则中明确的其他事项。

3.2.6　信息披露

电子交易中心应通过互联网及其他易于获取的方式发布电子交易参与方的基本情况，包括：名称、企业概况、服务范围及能力、联系方式等，交易商的信用状况，以及电子交易即时行情，包括：商品品种、交货时间、交易价格、涨跌、买卖申报数量、成交数量、订货量等。

3.3　交易商

交易商是大宗商品电子交易的买卖方，交易商应遵守电子交易中心的交易规定，接受电子交易中心的监督，配合电子交易中心的工作。

3.3.1　选取

交易商是在中华人民共和国境内注册登记的从事与交易商品有关

的现货生产、经营、消费活动的企业法人，具有良好的资信。经电子交易中心批准，取得交易商资格。转让或者承继交易商资格的，应当经电子交易中心批准，并履行相关手续。

3.3.2 交易要求

交易商参与电子交易应遵守以下要求：

a）交易商只能代理业内交易，不得代理社会公众投资；

b）交易商应守法、履约、公平买卖；

c）交易商应保护好自己的交易商账号和密码，并对因其账号在电子交易中心使用所产生的后果全权负责；

d）交易商应遵守电子交易中心的章程、交易业务规则及有关规定；

e）交易商应与结算银行签订相应协议书，在电子交易中心的结算银行开户；

f）交易商保证提供材料的真实性，并承担相应责任；

g）接受电子交易中心业务管理。电子交易中心行使管理职权时，可以按照电子交易中心规定的权限和程序对交易商进行调查，交易商应当配合；

h）遵守相关法律、规定以及电子交易中心的相应规定。

3.3.3 注销

交易商不再继续在电子交易中心参与交易，应申请办理资格注销手续。未办理注销手续的交易商，应对由于其账号发生的所有行为全权负责。

3.4 交货仓库

交货仓库由电子交易中心认定，是电子交易商品的存放地，交货仓库负责对商品进行保管，对其外在品质进行检验。

电子交易中心与交货仓库签订协议，明确双方的权利和义务，由电子交易中心对交货仓库的与电子交易有关的业务进行监督管理。交货仓库不能参与有关商品的电子交易活动。

3.4.1 选取

交货仓库应具备以下条件：

a）在中华人民共和国境内注册登记的企业法人，并具有良好的资信；

b）仓库所在地的仓储主管部门的仓储经营许可；

c）仓库基础设施、管理制度符合电子交易的要求；

d）能提供电子交易所需的配套物流服务、信息服务；

e）承认电子交易中心的交易业务规则、交货制度等；

f）电子交易中心规定的其他条件。

电子交易中心根据调查和评估结果择优选用仓储企业，并与之签订交货仓库协议书，明确双方的权利和义务。缴纳风险抵押金，接受电子交易中心组织的监督检查。

3.4.2　基础设施

交货仓库的基础设施应满足的条件如下：

a）堆场、库房有一定规模，有储存电子交易中心上市商品的条件、设备完好、齐全、计量符合规定要求；

b）满足运输和配送要求的运输条件；

c）良好的商业信誉，完善的仓储管理规章制度；

d）严格、完善的商品检化验制度、商品出入库制度、库存商品管理制度等；

e）承认电子交易中心的交易业务规则、交货制度等；

f）固定资产和注册资本须达到电子交易中心规定的数额；

g）财务状况良好，具有较强的抗风险能力；

h）满足保管、物流服务要求的仓储业务管理信息系统，系统能实时、准确地反映保管物资的动态情况，与电子交易中心实时通讯；

i）电子交易中心规定的其他条件。

3.4.3　提供的服务

交货仓库提供的服务如下：

a）配合电子交易中心提供物流配送服务；

b）按规定保管好库内的商品，确保商品安全；

c）有代办交货商品运输的能力；

d）货物检验合格入库后，按规定生成仓单；

e）交货仓库应当担保仓单所代表的交货商品的数量及外表品质等属性；

f）配合电子交易中心开展信息发布与查询；

g）保守与交易有关的商业秘密；

h）按要求实时向电子交易中心传输相关数据并提供有关情况；

i）当所存商品的存放时间超出商（质）检规定的有效期时，交货仓库应及时提醒并协助货主委托国家认可的商（质）检部门对所存商品进行复检；

j）当交易双方对商品的质量发生争议时，交货仓库应当协同交易双方去国家认可的商（质）检部门进行复检；

k）根据交易合同规定的标准，对用于交货的货物进行验收入库；货物入库的检验由货物卖方和交货仓库共同进行，检验结果须经双方认可。

3.4.4 注销

交货仓库放弃交货仓库资格，应向电子交易中心递交放弃交货仓库资格书面申请，并经电子交易中心审核批准。

交货仓库放弃或被取消资格的，应办理以下事项：

a）交货商品全部出库、经电子交易中心核准注销仓单；

b）结清与电子交易中心的债权债务；

c）按电子交易中心标准清退风险抵押金。

交货仓库资格的确认、放弃或取消，电子交易中心应及时通告交易商及其他交货仓库。

3.5 结算银行

结算银行由电子交易中心统一认定，其主要功能是协助电子交易中心结算、划拨资金。

电子交易中心应在各结算银行开设一个专用结算账户，用于存放交易商的货款及相关款项。

3.5.1 选取

为电子交易提供服务的结算银行应具备以下条件：

a）全国性的商业银行，在全国各主要城市设有分支机构和营业网点；

b）安全、快速的异地资金划拨手段；

c）电子交易中心认为应具备的其他条件。

符合以上条件，结算银行与电子交易中心应签订相应协议，明确双方的权利和义务，以规范相关业务手续。

3.5.2 提供的服务

结算银行提供的服务如下：

a）开设电子交易中心专用结算账户和交易商专用资金账户；

b）向电子交易中心和交易商吸收存款、发放贷款；

c）了解并反映交易商在电子交易中心的资信情况；

d）根据电子交易中心提供的票据优先划转交易商的资金；

e）在电子交易中心出现重大风险时，应协助电子交易中心化解风险；

f）保守电子交易中心和交易商的商业秘密。

3.5.3 注销

结算银行资格的确认、放弃或取消，电子交易中心应及时通告交易商。结算银行申请放弃结算银行资格，应提前向电子交易中心递交结算银行资格注销的书面说明。

4 电子交易业务程序

交易商在电子交易中心通过一定的交易模式，签订电子交易合同，在规定时间内按合同约定履约，进行货物、货款交换，并按规定进行结算。电子交易中心应约定具体的电子交易程序同时制定相应的管理办法，并公告电子交易中心所有交易商。

4.1　电子交易合同的标的物是大宗商品

4.2　电子交易合同的订立

交易商之间通过电子交易中心的交易平台签订电子交易合同，约定彼此之间的买卖行为。电子交易合同的订货量，不应大于同期合同标的物的社会供需总量。

4.2.1　合同的内容

电子交易中心可以发布经交易商认可的示范性合同文本。合同中应包括以下主要条款：

a）买、卖方的名称；

b）标的；

c）数量；

d）质量：

e）包装方式：

f）检验标准和方式；

g）交货时间；

h）价款；

i）结算方式；

j）履行期限、地点和方式；

k）违约责任；

l）解决争议的方法；

m）合同订立的地点。

合同具体条款由买卖双方签约时约定。

4.2.2　要约

交易商向电子交易中心的交易平台输入的买卖委托指令即为该交易商向其他交易商发出的要约。买卖委托指令的内容要具体，应包括合同主要条款的内容。

4.2.3　承诺

交易商回应其他交易商发出的要约，向电子交易中心的交易平台输入的卖出或买入指令即为该交易商向发出要约的交易商做出的承诺。

买卖成交时即承诺生效，合同成立。

4.3　货款支付

货款支付通过结算银行完成。货款支付实行一收一付，先收后付、收支相抵的方法。交货款项包括货款和包装款。货款按卖出价加减地区差价和品质差价结算，包装款、地区差价和品质差价按电子交易中心公布的标准执行。

4.3.1　货款支付方式

交易商买进货物时可以选择一次性付款或分期付款两种方式。货款的支付形式及分期付款的进度由买卖方交易商签订的电子交易合同约定。

4.3.2　货款支付过程

在合同规定的交货时间到期以前，买方应将与其买入商品相对应的全额货款与前期已付货款的差额部分划入电子交易中心的专用结算账户。

交货结算时，电子交易中心将交货货款付给卖方，给买方开具仓单持有凭证。

4.3.3　结算过程

电子交易中心对交易商存入电子交易中心专用结算账户的货款实行分账管理，为每一交易商设立明细账户，电子交易中心根据交易商当日成交数量按电子交易合同规定的标准计收交易手续费。电子交易中心与交易商之间交易业务资金的往来结算通过电子交易中心专用账户和交易商专用资金账户办理。

4.3.4　结算结果通知

当日交易结束后，电子交易中心对每一交易商的交易手续费、货款进行结算。电子交易中心采用发放结算单据电文等方式向交易商提供当日结算数据。

遇特殊情况造成电子交易中心不能按时提供结算数据时，电子交易中心将另行通知提供结算数据的时间。

4.4　交货

商品交货是按照电子交易合同约定，交易双方对合同约定商品所有权转移手续办理的过程。交易商进行商品交货，应按规定向电子交易中心交纳交货手续费。具体标准在电子交易中心的交货制度中明确。

4.4.1　货物卖出

卖方交易商将其合格货物送至交货仓库换取仓单并在电子交易中心注册登记即可卖出，如果货物尚未运至仓库，交易商应提供有货证明，并经电子交易中心认可。

4.4.2　交货期限

交易商在订立合同时约定交货期限。订立合同后，如交易商同意，也可在期限内自行安排交货时间。

4.4.3　交货过程

交易商将商品送至交货仓库检验合格后换取仓单。在电子交易中心规定的交货日之前，交易商应将仓单和增值税发票等凭证交至电子交易中心。电子交易中心在确认买卖双方对货物的数量、质量和相关手续无异议后，交付货物、支付货款。

4.5　电子交易合同的转让

交易商一方在把电子交易合同转让给第三方交易商时，应征得对方的同意，并通过电子交易中心。电子交易中心合同转让的总量应小于同期标的物的社会流转总量。

4.6　电子交易合同的解除

通过电子交易中心订立的电子交易合同，买卖方交易商协商一致并通过电子交易中心后，电子交易合同可以解除。

4.7　风险与责任

交易商入市前应与电子交易中心签订入市协议，规定双方的权利、义务、免责条款和生效的条件。

交易商对其在电子交易中心成交的合同负有承担风险的责任。

交易商不能履行合同责任时，电子交易中心有权对其采取下列保障措施：

a）终止其资格，接受并全权处理其未履约合同，相应盈亏完全由当事交易商承担；

b）将提供的担保手段或质押的权利凭证变现，用变现所得履约赔偿；

c）不足补偿部分通过法律程序，继续对该交易商追偿。

《商品现货市场交易特别规定（试行）》

（《商品现货市场交易特别规定（试行）》已经 2013 年 8 月 15 日商务部第 7 次部务会议审议通过，并经中国人民银行、证监会同意，现予发布，自 2014 年 1 月 1 日起施行。）

第一章　总　则

第一条　为规范商品现货市场交易活动，维护市场秩序，防范市场风险，保护交易各方的合法权益，促进商品现货市场健康发展，加快推行现代流通方式，根据国家有关法律法规以及《国务院关于清理整顿各类交易场所切实防范金融风险的决定》（国发〔2011〕38 号），制定本规定。

第二条　中华人民共和国境内的商品现货市场交易活动，应当遵守本规定。国家另有规定的，依照其规定。

第三条　本规定所称商品现货市场，是指依法设立的，由买卖双方进行公开的、经常性的或定期性的商品现货交易活动，具有信息、物流等配套服务功能的场所或互联网交易平台。

本规定所称商品现货市场经营者（以下简称市场经营者），是指依法设立商品现货市场，制定市场相关业务规则和规章制度，并为商品现货交易活动提供场所及相关配套服务的法人、其他经济组织和个人。

第四条　从事商品现货市场交易活动，应当遵循公开、公平、公正和诚实信用的原则。

第五条 商务部负责全国商品现货市场的规划、信息、统计等行业管理工作，促进商品现货市场健康发展。

中国人民银行依据职责负责商品现货市场交易涉及的金融监管以及非金融机构支付业务的监管工作。

第六条 商品现货市场行业协会应当制定行业规范和行业标准，加强行业自律，组织业务培训，建立高管诚信档案，受理投诉和调解纠纷等。

第二章　交易对象和交易方式

第七条 商品现货市场交易对象包括：

（一）实物商品；

（二）以实物商品为标的的仓单、可转让提单等提货凭证；

（三）省级人民政府依法规定的其他交易对象。

第八条 商品现货市场交易的实物商品，应当执行国家有关质量担保责任的法律法规，并符合现行有效的质量标准。

第九条 商品现货市场交易可以采用下列方式：

（一）协议交易；

（二）单向竞价交易；

（三）省级人民政府依法规定的其他交易方式。

本规定所称协议交易，是指买卖双方以实物商品交收为目的，采用协商等方式达成一致，约定立即交收或者在一定期限内交收的交易方式。

本规定所称单向竞价交易，是指一个买方（卖方）向市场提出申请，市场预先公告交易对象，多个卖方（买方）按照规定加价或者减价，在约定交易时间内达成一致并成交的交易方式。

第十条 市场经营者不得开展法律法规以及《国务院关于清理整顿各类交易场所切实防范金融风险的决定》禁止的交易活动，不得以集中交易方式进行标准化合约交易。

现货合同的转让、变更，应当按照法律法规的相关规定办理。

第三章　商品现货市场经营规范

第十一条　市场经营者应当履行下列职责：

（一）提供交易的场所、设施及相关服务；

（二）按照本规定确定的交易方式和交易对象，建立健全交易、交收、结算、仓储、信息发布、风险控制、市场管理等业务规则与各项规章制度；

（三）法律法规规定的其他职责。

第十二条　市场经营者应当公开业务规则和规章制度。制定、修改和变更业务规则和规章制度，应当在合理时间内提前公示。

第十三条　商品现货市场应当制定应急预案。出现异常情况时，应当及时采取有效措施，防止出现市场风险。

第十四条　市场经营者应当采取合同约束、系统控制、强化内部管理等措施，加强资金管理力度。

市场经营者不得以任何形式侵占或挪用交易者的资金。

第十五条　鼓励商品现货市场创新流通方式，降低交易成本；建设节能环保、绿色低碳市场。

第十六条　鼓励商品现货市场采用现代信息化技术，建立互联网交易平台，开展电子商务。

第十七条　市场经营者应当建立完善商品信息发布制度，公布交易商品的名称、数量、质量、规格、产地等相关信息，保证信息的真实、准确，不得发布虚假信息。

第十八条　采用现代信息化技术开展交易活动的，市场经营者应当实时记录商品仓储、交易、交收、结算、支付等相关信息，采取措施保证相关信息的完整和安全，并保存五年以上。

第十九条　市场经营者不得擅自篡改、销毁相关信息和资料。

第四章　监督管理

第二十条　县级以上人民政府商务主管部门负责本行政区域内的商品现货市场的行业管理，并按照要求及时报送行业发展规划和其他具体措施。

中国人民银行分支机构依据职责负责辖区内商品现货市场交易涉及的金融机构和支付机构的监督管理工作。

国务院期货监督管理机构派出机构负责商品现货市场非法期货交易活动的认定等工作。

第二十一条 市场经营者应当根据相关部门的要求报送有关经营信息与资料。

第二十二条 县级以上人民政府商务主管部门应当根据本地实际情况，建立完善各项工作制度。必要时应及时将有关情况报告上级商务主管部门和本级人民政府。

第五章 法律责任

第二十三条 市场经营者违反第十一条、第十二条、第十三条、第十四条、第十七条、第十八条、第十九条、第二十一条规定，由县级以上商务主管部门会同有关部门责令改正。逾期不改的，处一万元以上三万元以下罚款。

第二十四条 市场经营者违反第八条、第十条规定和《期货交易管理条例》的，依法予以处理。

第二十五条 有关行政管理部门工作人员在市场监督管理工作中，玩忽职守、滥用职权、徇私舞弊的，依法给予行政处分；构成犯罪的，依法追究刑事责任。

第六章 附 则

第二十六条 本规定自 2014 年 1 月 1 日起施行。

《商务部关于促进电子商务应用的实施意见》

（商电函［2013］911 号）

各省、自治区、直辖市、计划单列市及新疆生产建设兵团商务主管部门：

为进一步促进各地电子商务应用，推动我国电子商务均衡发展，针对当前电子商务发展面临的突出问题，结合电子商务应用促进工作的实际需求，根据《关于促进信息消费扩大内需的若干意见》（国发〔2013〕32 号）和《商务部"十二五"电子商务发展指导意见》（商电发〔2011〕375 号）的有关要求，提出以下意见：

一、工作目标和原则

（一）工作目标。

到 2015 年，使电子商务成为重要的社会商品和服务流通方式，电子商务交易额超过 18 万亿元，应用电子商务完成进出口贸易额力争达到我国当年进出口贸易总额的 10% 以上，网络零售额相当于社会消费品零售总额的 10% 以上，我国规模以上企业应用电子商务比例达 80% 以上；电子商务基础法规和标准体系进一步完善，应用促进的政策环境基本形成，协同、高效的电子商务管理与服务体制基本建立；电子商务支撑服务环境满足电子商务快速发展需求，电子商务服务业实现规模化、产业化、规范化发展。

（二）工作原则。

1. 市场主导、政府推动。坚持以市场为导向，以企业为主体，运用市场机制优化资源配置，制定本地区电子商务发展政策，综合运用政策、服务、资金等手段完善电子商务应用发展环境。

2. 重点扶持、平衡促进。全面拓展电子商务应用，重点发展零售、跨境贸易、农产品和生活服务领域电子商务，重点扶持中西部地区应用电子商务，促进我国电子商务在区域和行业领域的均衡发展。

3. 典型示范、引导发展。以典型城市、基地、企业为主体建立电子商务试点示范体系，发挥示范带动作用，引导行业发展方向。

二、重点任务

（一）引导网络零售健康快速发展。

引导网络零售企业优化供应链管理、提升客户消费体验，支持网络零售服务平台进一步拓展覆盖范围、创新服务模式；支持百货商场、连锁企业、专业市场等传统流通企业依托线下资源优势开展电子商务，实现线上线下资源互补和应用协同；组织网络零售企业及传统流通企业开展以促进网络消费为目的的各类网络购物推介活动。

（二）加强农村和农产品电子商务应用体系建设。

1. 结合农村和农产品现代流通体系建设，在农村地区和农产品流通领域推广电子商务应用；加强农村地区电子商务普及培训；引导社会性资金和电子商务平台企业加大在农产品电子商务中的投入；支持农产品电子商务平台建设。

2. 深化与全国党员远程教育系统合作，深入开展农村商务信息服务。完善商务部新农村商网功能，建设"全国农产品商务信息公共服务平台"，实现农产品购销常态化对接。探索农产品网上交易，培育农产品电子商务龙头企业。

3. 融合涉农电子商务企业、农产品批发市场等线下资源，拓展农产品网上销售渠道。鼓励传统农产品批发市场开展包括电子商务在内的多形式电子交易；探索和鼓励发展农产品网络拍卖；鼓励电子商务企业与传统农产品批发、零售企业对接，引导电子商务平台及时发布农产品信息，促进产销衔接；推动涉农电子商务企业开展农产品品牌化、标准化经营。

（三）支持城市社区电子商务应用体系建设。

支持建设城市家政服务网络公共服务平台，整合各类家政服务资源，面向社区居民提供供需对接服务；鼓励和支持服务百姓日常生活的电子商务平台建设，功能涵盖居家生活所需的各类服务，如购物、餐饮、家政、维修、中介、配送等；鼓励大型餐饮企业、住宿企业和第三方服务机构建立网上订餐、订房服务系统，完善餐饮及住宿行业服务应用体系。

（四）推动跨境电子商务创新应用。

1. 各地要积极推进跨境电子商务创新发展，努力提升跨境电子商务对外贸易规模和水平。对生产企业和外贸企业，特别是中小企业利用跨境电子商务开展对外贸易提供必要的政策和资金支持。鼓励多种模式跨境电子商务发展，配合国家有关部门尽快落实《国务院办公厅转发商务部等部门关于实施支持跨境电子商务零售出口有关政策的意见》（国办发〔2013〕89号），探索发展跨境电子商务企业对企业（B2B）进出口和个人从境外企业零售进口（B2C）等模式。加快跨境电子商务物流、支付、监管、诚信等配套体系建设。

2. 鼓励电子商务企业"走出去"。支持境内电子商务服务企业（包括第三方电子商务平台，融资担保、物流配送等各类服务企业）"走出去"，在境外设立服务机构，完善仓储物流、客户服务体系建设，与境外电子商务服务企业实现战略合作等；支持境内电子商务企业建立海外营销渠道，压缩渠道成本，创立自有品牌。

3. 支持区域跨境（边贸）电子商务发展。支持边境地区选取重点贸易领域建立面向周边国家的电子商务贸易服务平台；引导和支持电子商务平台企业在边境地区设立专业平台，服务边境贸易。

（五）加强中西部地区电子商务应用。

中西部地区可因地制宜，通过加强与电子商务平台合作，整合政府公共服务和市场服务资源，创新电子商务应用与公共服务模式，引导企业电子商务应用。加强电子商务企业和人才引进，加强电子商务宣传，开展电子商务人才培养；重点结合本地区特色产业发展需求，发展行业领域电子商务应用；吸引和支持优秀电子商务企业到中西部地区设立区域运营中心、物流基地、客服中心等分支机构；与电子商务平台企业对接销售中西部特色商品。

（六）鼓励中小企业电子商务应用。

引导中小企业利用信息技术提高管理、营销和服务水平；鼓励中小企业利用电子商务平台开展网络营销，开拓境内外市场；鼓励中小企业在电子商务平台上开展联合采购，降低流通成本；支持第三方电子商务平台发展，带动中小企业电子商务应用；支持电子商务领域金融服务创新，拓宽中小企业融资渠道；扶持面向中小企业的公共服务平台和服务机构，加强对小企业应用电子商务的技术支持和人才培训服务。

（七）鼓励特色领域和大宗商品现货市场电子交易。

鼓励通过电子商务手段开展再生资源回收、旧货流通、拍卖交易、边境贸易等领域电子商务应用。鼓励大宗商品现货市场电子交易经营主体进一步完善相关信息系统，研究制订商品价格指数、电子合同及电子仓单标准、供应链协同标准、运营模式规范，增强市场价格指导能力、供应链协同能力和现货交易服务能力，促进我国大宗商品现货市场电子交易的规范化发展。

（八）加强电子商务物流配送基础设施建设。

各地要按照国家加快流通产业发展的总体要求，规划本地区电子商务物流，推进城市物流配送仓储用地、配送车辆管理等方面的政策出台，推动构建与电子商务发展相适应的物流配送体系。开展电子商务城市共同配送服务试点，逐步建立完善适应电子商务发展需求的城市物流配送体系。

（九）扶持电子商务支撑及衍生服务发展。

鼓励电子支付、仓储物流、信用服务、安全认证等电子商务支撑服务企业开展技术和服务模式创新，建立和完善电子商务服务产业链条；发挥服务外包对电子商务的促进作用，发展业务流程外包服务和信息技术外包服务，如设计服务、财务服务、运营服务、销售服务、营销服务、咨询服务、网络建站和信息系统服务等。

（十）促进电子商务示范工作深入开展。

国家电子商务示范城市要深入推进创建工作，落实各项工作任务，结合商务领域应用需求，大力推进项目试点，开展政策先行先试。国家电子商务示范基地要发挥电子商务产业集聚优势，创新公共服务模式，建设和完善面向电子商务企业的公共服务平台，搭建完整的电子商务产业链条，提高区域经济核心竞争力，要按照中央财政资金管理的相关规定，做好财政支持项目的组织实施。培育一批网络购物平台、行业电子商务平台和电子商务应用骨干企业，发挥其在模式创新、资源整合、带动产业链等方面的引导作用，结合电子商务统计、监测、信用体系建设推进电子商务示范企业建设。各地应按照国家电子商务示范城市、示范基地、示范企业的有关要求，积极开展本地电子商务示范体系的建设。

三、保障措施

（一）建立健全协调保障机制。

各地要高度重视电子商务工作，提高思想认识，落实电子商务工作职能，把电子商务作为商务工作的重要抓手；建立完善本地区跨部门电子商务工作协作机制，发挥商务主管部门对电子商务发展的协调指导作用，主动与相关部门沟通、协调；加强与商务部的联系，建立中央与地方的工作互动机制。

（二）完善电子商务政策、法规体系建设。

各地要加快完善地方电子商务政策体系，结合本地区实际，针对电子商务面临的突出问题，从促进电子商务产业发展的角度，先行先试出台本地区电子商务法规政策，配合国家有关部门促进电子商务立法工作。

（三）落实政策配套措施。

各地要结合落实国家流通产业的相关政策，充分运用中央财政资金，加大对电子商务发展的支持力度。

各地可根据本地区电子商务发展的具体情况，安排专项资金用于推动电子商务发展，选择重点领域进行突破。

各地应加快建立促进电子商务发展的多元化、多渠道投融资体制，充分发挥企业的主体作用，吸引更多民间资本进入电子商务领域。支持金融机构和社会资本投资电子商务项目。

（四）加强电子商务统计监测及信用体系建设。

各地要根据国家关于电子商务统计报表制度，依托商务部电子商务信息管理分析系统，组织本地区电子商务企业及时填报数据，做好统计工作；参照国家统一标准推动建立本地区电子商务统计报表制度，开展地方电子商务统计及重点企业监测；利用电子商务交易平台信用数据和社会信用数据，建设地方电子商务信用信息基础数据库，建立数据共享和应用机制，积极培育面向电子商务的第三方信用服务业。

（五）组织开展电子商务研究和人才培训。

各地要以国家电子商务人才继续教育基地为依托，推动建立地方电子商务继续教育分基地，组织开展电子商务紧缺人才、高端人才和专业技能人才的培养。鼓励行业组织、专业培训机构和企业，开展电子商务人才培训及岗位能力培训。建立电子商务专家咨询机制，发挥电子商务专家的指导与咨询作用。有条件的地方可设立电子商务研究机构，整合产学研资源，开展电子商务发展的现状、问题、趋势专题研究，提出促进与规范电子商务的措施建议。

（六）培育行业组织加强行业自律。

各地应加强对电子商务行业组织的培育，充分发挥各级电子商务协会、学会、产业联盟等中介组织作用，配合政府部门落实电子商务政策和规划。鼓励中介组织制订行业规章、行业标准，加强行业自律。

（七）加强领导抓好落实。

各地要结合本地区实际，因地制宜，制订具体实施办法、工作行动计划，细化工作目标，确保各项任务落实到位。

各地要建立和完善重点工作联系机制和考核机制，加强监督检查，及时解决工作中的各类问题，并向商务部报告相关情况；做好跟踪、总结、交流和宣传工作，保证各项工作取得实效。

商务部

2013 年 10 月 31 日

《第三方电子商务交易平台服务规范》

（中华人民共和国商务部公告 2011 年第 18 号，2011 年 4 月 12 日发布）

前　言

本规范的全部技术内容为推荐性。

本规范的制定是根据国家相关法律法规，参照中华人民共和国《互联网信息服务管理办法》（国务院令 2000 年第 292 号）、商务部《关于网上交易的指导意见（暂行)》（商务部公告 2007 年第 19 号）和国家工商行政管理总局《网络商品交易及有关服务行为管理暂行办法》（国家工商行政管理总局令 2010 年第 49 号）的规定，并总结电子商务实际运作经验制定的。

本规范由中华人民共和国商务部提出。

引　言

电子商务服务业是以信息技术应用和经济发展需求为基础，对社会全局和可持续发展具有重要引领带动作用的新兴产业。中国电子商务正处在高速发展时期。加强电子商务标准化建设，对于促进经济增长方式的转变，推动经济社会又好又快发展具有重要意义。

第三方电子商务交易平台在电子商务服务业发展中具有举足轻重的作用。第三方电子商务交易平台不仅沟通了买卖双方的网上交易渠道，大幅度降低了交易成本，也开辟了电子商务服务业的一个新的领域。加强第三方电子商务交易平台的服务规范，对于维护电子商务交易秩序，促进电子商务健康快速发展，具有非常重要的作用。

为规范第三方电子商务交易平台的经营活动，保护企业和消费者合法权益，营造公平、诚信的交易环境，保障交易安全，促进电子商务的快速发展，依据中华人民共和国有关法律法规和相关政策文件制定本规范。

1. 范围

本规范规定了在中华人民共和国境内从事第三方电子商务交易平台服务和经营活动的行为规范，但法律法规另有规定的除外。

商务部负责对本规范的解释。

2. 规范性引用文件

本规范起草过程中参考了下述文件：

（1）中华人民共和国《互联网信息服务管理办法》（国务院令2000年第292号）；

（2）商务部《关于网上交易的指导意见（暂行）》（商务部公告2007年第19号）；

（3）国家工商行政管理总局《网络商品交易及有关服务行为管理暂行办法》（国家工商行政管理总局令2010年第49号）；

（4）国家标准《电子商务模式规范》（SB/T10518—2009）；

（5）国家标准《网络交易服务规范》（SB/T10519—2009）；

（6）国家标准《大宗商品电子交易规范》（GB/T18769—2003）；

（7）国家标准《第三方电子商务服务平台服务及其等级划分规范B2B\B2C电子商务服务平台》（GB/T24661.2—2009）；

（8）公安部、国家保密局、国家密码管理局、国务院信息化工作办公室《信息安全等级保护管理办法》（公通字〔2007〕43号）。

相对于上述文件，本规范突出表现出两方面的特点：

（1）规制的重点不同。本规范专注于对主体的管理，规制交易主体之间的关系，并从法律角度提出规范的条款。

（2）写作的方法不同。本规范没有对第三方交易平台的所有行为进行详细的规定，这主要是因为现有文件已经对电子商务交易活动作了详细的、静态的规定。本规范主要关注现有文件和标准没有顾及的交易主体之间关系的调整，并把这种调整看作一种动态的、系统的活动。

3. 术语和定义

3.1　电子商务

本规范所指的电子商务，系指交易当事人或参与人利用现代信息技术和计算机网络（包括互联网、移动网络和其他信息网络）所进行的各类商业活动，包括货物交易、服务交易和知识产权交易。

3.2　第三方电子商务交易平台

第三方电子商务交易平台（以下简称第三方交易平台）是指在电子商务活动中为交易双方或多方提供交易撮合及相关服务的信息网络系统总和。

3.3　平台经营者

第三方交易平台经营者（以下简称平台经营者）是指在工商行政管理部门登记注册并领取营业执照，从事第三方交易平台运营并为交易双方提供服务的自然人、法人和其他组织。

3.4　站内经营者

第三方交易平台站内经营者（以下简称站内经营者）是指在电子商务交易平台上从事交易及有关服务活动的自然人、法人和其他组织。

4. 基本原则

4.1　公正、公平、公开原则

平台经营者在制定、修改业务规则和处理争议时应当遵守公正、公平、公开原则。

4.2　业务隔离原则

平台经营者若同时在平台上从事站内经营业务的，应当将平台服务与站内经营业务分开，并在自己的第三方交易平台上予以公示。

4.3　鼓励与促进原则

鼓励依法设立和经营第三方交易平台，鼓励构建有利于平台发展的技术支撑体系。

鼓励平台经营者、行业协会和相关组织探索电子商务信用评价体系、交易安全制度，以及便捷的小额争议解决机制，保障交易的公平与安全。

5. 第三方交易平台的设立与基本行为规范

5.1 设立条件

第三方电子商务交易平台的设立应当符合下列条件：

（1）有与从事的业务和规模相适应的硬件设施；

（2）有保障交易正常运营的计算机信息系统和安全环境；

（3）有与交易平台经营规模相适应的管理人员、技术人员和客户服务人员；

（4）符合《中华人民共和国电信条例》《互联网信息服务管理办法》《网络商品交易及有关服务行为管理暂行办法》《电子认证服务管理办法》等法律、法规和规章规定的其他条件。

5.2 市场准入和行政许可

平台经营者应当依法办理工商登记注册；涉及行政许可的，应当取得主管部门的行政许可。

5.3 平台经营者信息公示

平台经营者应当在其网站主页面或者从事经营活动的网页显著位置公示以下信息：

（1）营业执照、组织机构代码证、税务登记证以及各类经营许可证；

（2）互联网信息服务许可登记或经备案的电子验证标识；

（3）经营地址、邮政编码、电话号码、电子信箱等联系信息及法律文书送达地址；

（4）监管部门或消费者投诉机构的联系方式。

（5）法律、法规规定其他应披露的信息。

5.4 交易平台设施及运行环境维护

平台经营者应当保障交易平台内各类软硬件设施的正常运行，维护消防、卫生和安保等设施处于正常状态。

平台经营者应按照国家信息安全等级保护制度的有关规定和要求建设、运行、维护网上交易平台系统和辅助服务系统，落实互联网安全保护技术措施，依法实时监控交易系统运行状况，维护平台交易系统正常运行，及时处理网络安全事故。

日交易额1亿元人民币以上（含1亿元）的第三方电子商务交易平台应当设置异地灾难备份系统，建立灾难恢复体系和应急预案。

5.5 数据存储与查询

平台经营者应当妥善保存在平台上发布的交易及服务的全部信息，采取相应的技术手段保证上述资料的完整性、准确性和安全性。站内经营者和交易相对人的身份信息的保存时间自其最后一次登录之日起不少于两年；交易信息保存时间自发生之日起不少于两年。

站内经营者有权在保存期限内自助查询、下载或打印自己的交易信息。

鼓励第三方交易平台通过独立的数据服务机构对其信息进行异地备份及提供对外查询、下载或打印服务。

5.6 制定和实施平台交易管理制度

平台经营者应提供规范化的网上交易服务，建立和完善各项规章制度，包括但不限于下列制度：

（1）用户注册制度；

（2）平台交易规则；

（3）信息披露与审核制度；

（4）隐私权与商业秘密保护制度；

（5）消费者权益保护制度；

（6）广告发布审核制度；

（7）交易安全保障与数据备份制度；

（8）争议解决机制；

（9）不良信息及垃圾邮件举报处理机制；

（10）法律、法规规定的其他制度。

平台经营者应定期在本平台内组织检查网上交易管理制度的实施情况，并根据检查结果及时采取改善措施。

5.7 用户协议

平台经营者的用户协议及其修改应至少提前 30 日公示，涉及消费者权益的，应当抄送当地消费者权益保护机构。

用户协议应当包括但不限于以下内容：

（1）用户注册条件；

（2）交易规则；

（3）隐私及商业秘密的保护；

（4）用户协议的修改程序；

（5）争议解决方式；

（6）受我国法律管辖的约定及具体管辖地；

（7）有关责任条款。

平台经营者应采用技术等手段引导用户完整阅读用户协议，合理提示交易风险、责任限制和责任免除条款，但不得免除自身责任，加重用户义务，排除用户的法定权利。

5.8 交易规则

平台经营者应制定并公布交易规则。交易规则的修改应当至少提前30 日予以公示。用户不接受修改的，可以在修改公告之日起 60 日内书面通知退出。平台经营者应当按照原交易规则妥善处理用户退出事宜。

5.9 终止经营

第三方交易平台歇业或者其他自身原因终止经营的，应当提前一个月通知站内经营者，并与站内经营者结清财务及相关手续。

涉及行政许可的第三方交易平台终止营业的，平台经营者应当提前一个月向行政主管部门报告；并通过合同或其他方式，确保在合理期限内继续提供对消费者的售后服务。

5.10 平台交易情况的统计

平台经营者应当做好市场交易统计工作，填报统计报表，定期向有关行政主管部门报送。

6. 平台经营者对站内经营者的管理与引导

6.1　站内经营者注册

（1）通过第三方交易平台从事商品交易及有关服务行为的自然人，需要向平台经营者提出申请，提交身份证明文件或营业执照、经营地址及联系方式等必要信息。

（2）通过第三方交易平台从事商品交易及有关服务行为的法人和其他组织，需要向平台经营者提出申请，提交营业执照或其他获准经营的证明文件、经营地址及联系方式等必要信息。

（3）第三方电子商务交易平台应当核验站内经营者的营业执照、税务登记证和各类经营许可证。第三方电子商务交易平台对外是否显示站内经营者真实名称和姓名由平台经营者和站内经营者协商确定。

（4）平台经营者应当每年定期对实名注册的站内经营者的注册信息进行验证，对无法验证的站内经营者应予以注明。

（5）平台经营者应当加强提示，督促站内经营者履行有关法律规定和市场管理制度，增强诚信服务、文明经商的服务意识，倡导良好的经营作风和商业道德。

6.2　进场经营合同的规范指导

平台经营者在与站内经营者订立进场经营合同时，应当依法约定双方规范经营的有关权利义务、违约责任以及纠纷解决方式。该合同应当包含下列必备条款：

（1）平台经营者与站内经营者在网络商品交易及有关服务行为中不得损害国家利益和公众利益，不得损害消费者的合法权益。

（2）站内经营者必须遵守诚实守信的基本原则，严格自律，维护国家利益，承担社会责任，公平、公正、健康有序地开展网上交易，不得利用网上交易从事违法犯罪活动。

（3）站内经营者应当注意监督用户发布的信息，依法删除违反国家规定的信息，防范和减少垃圾邮件。

（4）站内经营者应当建立市场交易纠纷调解处理的有关制度，并在提供服务网店的显著位置公布纠纷处理机构及联系方式。

6.3 站内经营者行为规范

平台经营者应当通过合同或其他方式要求站内经营者遵守以下规范，督促站内经营者建立和实行各类商品信誉制度，方便消费者监督和投诉：

（1）站内经营者应合法经营，不得销售不符合国家标准或有毒有害的商品。对涉及违法经营的可以暂停或终止其交易。

（2）对涉及违法经营或侵犯消费者权益的站内经营者可以按照事先公布的程序在平台上进行公示。

（3）站内经营者应就在停止经营或撤柜前3个月告知平台经营者，并配合平台经营者处理好涉及消费者或第三方的事务。

（4）站内经营者应主动配合平台经营者就消费者投诉所进行的调查和协调。

6.4 对交易信息的管理

平台经营者应对其平台上的交易信息进行合理谨慎的管理：

（1）在平台上从事经营活动的，应当公布所经营产品的名称、生产者等信息；涉及第三方许可的，还应公布许可证书、认证证书等信息。

（2）网页上显示的商品信息必须真实。对实物（有形）商品，应当从多角度多方位予以展现，不可对商品的颜色、大小、比例等做歪曲或错误的显示；对于存在瑕疵的商品应当给予充分的说明并通过图片显示。发现站内经营者发布违反法律、法规广告的，应及时采取措施制止，必要时可以停止对其提供网上交易平台服务。

（3）投诉人提供的证据能够证明站内经营者有侵权行为或发布违法信息的，平台经营者应对有关责任人予以警告，停止侵权行为，删除有害信息，并可依照投诉人的请求提供被投诉人注册的身份信息及联系方式。

（4）平台经营者应承担合理谨慎信息审查义务，对明显的侵权或违法信息，依法及时予以删除，并对站内经营者予以警告。

6.5　交易秩序维护

平台经营者应当采取合理措施，保证网上交易平台的正常运行，提供安全可靠的交易环境和公平、公正、公开的交易服务，维护交易秩序，建立并完善网上交易的信用评价体系和交易风险警示机制。

平台经营者应当合理提示用户关注交易风险，在执行用户的交易支付指令前，应当要求用户对交易明细进行确认；从事网上支付服务的经营者，在执行支付指令前，也应当要求付款人进行确认。

鼓励平台经营者设立冷静期制度，允许消费者在冷静期内无理由取消订单。

鼓励网络第三方交易平台和平台经营者向消费者提供"卖家保证金"服务。保证金用于消费者的交易损失赔付。保证金的金额、使用方式应事先向当地工商行政主管部门备案并公示。

6.6　交易错误

平台经营者应当调查核实个人用户小额交易中出现操作错误投诉，并帮助用户取消交易，但因具体情况无法撤销的除外。

6.7　货物退换

平台经营者应当通过合同或其他方式要求站内经营者依照国家有关规定，实施商品售后服务和退换货制度，对于违反商品售后服务和退换货制度规定的站内经营者，平台经营者应当受理消费者的投诉，并可依照合同追究其违约责任。

6.8　知识产权保护

平台经营者应当建立适当的工作机制，依法保护知识产权。对于权利人附有证据并通知具体地址的侵权页面、文件或链接，平台经营者应通知被投诉人，同时采取必要措施保护权利人合法权益。法律法规另有规定的除外。

平台经营者应通过合同或其他方式要求站内经营者遵守《商标法》

《反不正当竞争法》《企业名称登记管理规定》等法律、法规、规章的规定，不得侵犯他人的注册商标专用权、企业名称权等权利。

6.9　禁止行为

第三方交易平台同时利用自有平台进行网上商品（服务）交易的，不得相互串通，利用自身便利操纵市场价格，扰乱市场秩序，损害其他经营者或者消费者的合法权益。

7. 平台经营者对消费者的合理保护

未经用户同意，平台经营者不得向任何第三方披露或转让用户名单、交易记录等数据，但法律法规另有规定的除外。

平台经营者应督促站内交易经营者出具购货凭证、服务单据及相关凭证。

消费者在网络交易平台购买商品或者接受服务，发生消费纠纷或者其合法权益受到损害的，平台经营者应当向消费者提供站内经营者的真实的网站登记信息，积极协助消费者维护自身合法权益。

8. 平台经营者与相关服务提供者的协调

8.1　电子签名

鼓励依照《中华人民共和国电子签名法》的规定订立合同。标的金额高于 5 万元人民币的网上交易，第三方交易平台应提示交易双方使用电子签名。

8.2　电子支付

第三方电子商务交易平台采用的电子支付应当由银行或具备合法资质的非金融支付机构提供。

8.3　广告发布

平台经营者对平台内被投诉的广告信息，应当依据广告法律规定进行删除或转交广告行政主管机构处理。

第三方交易平台应约束站内经营者不得发布虚假的广告信息，不得发送垃圾邮件。

对于国家明令禁止交易的商品或服务，提供搜索服务的第三方交易平台在搜索结果展示页面应对其名称予以屏蔽或限制访问。

9. 监督管理

9.1 行业自律

鼓励第三方平台经营者依照本规范进行行业自律，支持有关行业组织对平台经营者的服务进行监督和协调。

鼓励行业协会设立消费警示制度，监督和约束有不良行为的平台经营者。

鼓励平台经营者成立行业自律组织，制定行规和行约，建立网上交易诚信体系，加强自律，推动网上交易的发展。

9.2 投诉管理

消费者协会和相关组织通过在线投诉机制受理的网上交易争议投诉，平台经营者应及时配合处理与反馈。

对于不良用户，平台经营者可以根据事先公示的程序和规则对站内经营者的市场准入进行限制。

9.3 政府监管

各级商务主管部门应当建立网上交易服务规范的监管责任制度和责任追究制度，依法对平台经营者及站内经营者的交易行为进行监督。

附录二

浙江省大宗商品流通行业景气指数企业调研问卷

浙江省大宗商品流通行业景气指数
问卷调查

_____，您好！

大宗商品作为世界工业生产最为主要的原材料，对世界工业发展影响巨大。宁波作为中国第二大港口城市，其发展离不开大宗商品流通企业的推动，为此，宁波市委市政府高度重视我省大宗商品流通企业发展状况。

为调查大宗商品行业发展状况、了解流通企业情况、提出相关政策建议，推动地方性政策的制定，宁波市大宗商品流通协同创新中心拟通过对我省大宗商品流通企业细致的调查，摸清我省大宗商品流通企业生存发展状况、行业内企业结构、行业发展存在的问题，从而为推动浙江经济又好又快发展建言进策。

贵公司是我省大宗商品流通领域知名企业，此次调研希望得到需贵公司的密切配合。本次调查可能涉及贵公司经营相关信息，对此，我中心承诺将严格保密！

再次感谢您对我们工作的支持！

第一部分：企业概况

1. 贵公司所处区域：

○ 杭州市　　　　○ 湖州市　　　　○ 舟山市

○ 宁波市　　　　○ 绍兴市　　　　○ 台州市

○ 温州市　　　　○ 金华市　　　　○ 丽水市

○ 嘉兴市　　　　○ 衢州市

2. 贵公司的主营业务类型：

○ 大宗商品进出口服务

○ 大宗商品粗加工

○ 大宗商品物流服务

○ 大宗商品平台服务

○ 大宗商品金融服务

○ 其他（请填写）_____

3. 贵公司经营的年限：

○ 1～3 年

○ 3～5 年

○ 5～8 年

○ 8～10 年

○ 10～15 年

○ 15 年以上

4. 贵公司职工规模为：

○ 50 人以内

○ 50～100 人

○ 100～200 人

○ 200～500 人

○ 500 人以上

5. 贵公司总资产规模大约为：

○ 100 万元以下

○ 100 万～200 万元

○ 200 万～500 万元

○ 500 万～1 000 万元

○ 1 000 万～5 000 万元

○ 5 000 万～1 亿元

○ 1 亿元以上（请注明具体数额）＿＿＿＿＿＿＿＿＿

6. 贵公司上一年度营业收入规模大约为：

○ 100 万元以下

○ 100 万～200 万元

○ 200 万～500 万元

○ 500 万～1 000 万元

○ 1 000 万～5 000 万元

○ 5 000 万～1 亿元

○ 1 亿～5 亿元

○ 5 亿元以上（请注明具体数额）＿＿＿＿＿＿＿＿＿

第二部分：企业成本状况

7. 贵公司基层职员工资水平为（可参考 25 周岁职工工资水平估计）：

○ 3 000 元以下

○ 3 000～5 000 元

○ 5 000～8 000 元

○ 8 000 元以上

8. 贵公司中层管理人员工资水平为（可参考 30 周岁职工平均工资水平）：

○ 5 000 元以下

○ 5 000～7 000 元

○ 7 000～10 000 元

○ 10 000～20 000 元

○ 20 000 元以上

9. 您认为贵公司工资水平相较于我省其他企业是：

　　○ 1　非常落后

　　○ 2

　　○ 3

　　○ 4

　　○ 5　大大领先

10. 贵公司的五险（不包含一金）覆盖水平是：

　　○ 1　比例非常低

　　○ 2

　　○ 3

　　○ 4

　　○ 5　基本覆盖全员

11. 您认为贵公司除工资外的职工福利状况是：

　　○ 1　基本没有

　　○ 2

　　○ 3

　　○ 4

　　○ 5　超过薪酬

12. 您认为在去年一年中公司原材料成本的变化是：

　　○ 1　大幅下跌

　　○ 2

　　○ 3

　　○ 4

　　○ 5　大幅上涨

13. 对于去年在原材料成本方面的支出您认为：

  ○ 1　很不满意

  ○ 2

  ○ 3

  ○ 4

  ○ 5　非常满意

14. 贵公司在过去一年中的仓储成本状况是：

  ○ 1　很不满意

  ○ 2

  ○ 3

  ○ 4

  ○ 5　很满意

15. 贵公司办公楼或厂房是自由还是租赁？

  ○　自有办公楼（厂房）　（请跳至第 17 题）

  ○　租赁办公楼（厂房）　（请跳至第 16 题）

16. 您认为贵公司的租金的成本状况是：

  ○ 1 租金太高，难以接受

  ○ 2

  ○ 3

  ○ 4

  ○ 5　非常满意租金状况

17. 贵公司去年一年的净利润规模约为：

  ○　亏损状态

  ○　100 万元以下

  ○　100 万～500 万元

  ○　500 万～1 000 万元

  ○　1 000 万～5 000 万元

  ○　5 000 万元以上

18. 您认为贵公司去年盈利状况相较于 2014 年是：

    ○ 1　大幅下降
    ○ 2
    ○ 3
    ○ 4
    ○ 5　大幅上升

19. 您认为贵公司今年盈利状况相较于 2015 年可能是：

    ○ 1　大幅下降
    ○ 2
    ○ 3
    ○ 4
    ○ 5　大幅上升

第三部分：企业拓展指数

20. 您认为贵公司普通工人的招聘难度相较于去年：

    ○ 1　更为困难
    ○ 2
    ○ 3
    ○ 4
    ○ 5　极度容易

21. 相对于基层员工，您认为招聘中层人员更为困难：

    ○ 1　完全不同意
    ○ 2
    ○ 3
    ○ 4
    ○ 5　非常赞同

22. 您认为贵公司在人力资源管理方面的困难主要是：［多选题］

    ○ 人工成本过高

○ 专业技术不对口

○ 人员流动性较高

○ 员工考核难以实施

23. 贵公司的主营业务类型是：[填空题]

_____

24. 贵公司除经营主业外，目前待开拓的业务类型有多少项：

○ 1　没有

○ 2

○ 3

○ 4

○ 5　很多

25. 贵公司目前主营业务占公司收入的比重约为：

○ 1　40％以下

○ 2

○ 3

○ 4

○ 5　100％

26. 贵公司目前具有的专利数（包含新型实用专利）为：

○ 5 项以下

○ 5～10 项

○ 10～20 项

○ 20～50 项

○ 50 项以上

27. 贵公司在 2015 年度是否有新增专利

○ 是　　（请跳至第 28 题）

○ 否

28. 您认为贵公司 2015 年专利数量较以往年份是：

○ 1　大幅下降

○ 2

○ 3

○ 4

○ 5　大幅上升

第四部分：公司投融资指数

29. 公司目前的资产负债状况是：

○ 1　没有负债

○ 2

○ 3

○ 4

○ 5　负债率很高

30. 公司目前的融资渠道有：［多选题］

□ 银行贷款

□ 融资租赁借款

□ 其他金融机构贷款

□ 私募基金投资

□ 民间融资

□ 其他（请注明）_____

31. 2015 年度，贵公司经营流转资金紧张度是：

○ 1　非常不紧张

○ 2

○ 3

○ 4

○ 5　非常紧张

32. 2015 年度，贵公司在拓展经营方面的资金紧张度：

○ 1　非常不紧张

○ 2

○ 3

○ 4

○ 5　非常紧张

33. 在目前的融资行情下，企业资产抵押贷款取得的难度是：

○ 1　难度较大，不易取的

○ 2

○ 3

○ 4

○ 5　非常容易，时间也快

34. 2015 年，贵公司的银行授信额度是［多选题］

○ 没有授信额度

○ 50 万元以内

○ 50 万～200 万元

○ 200 万～500 万元

○ 其他（请注明）_____

35. 2015 年，贵公司向银行申请过信用贷款的状况是：

○ 没有申请　（请跳至第 37 题）

○ 申请但未通过　（请跳至第 36 题）

○ 申请且通过　（请跳至第 36 题）

36. 您认为 2015 年信用融资的状况相较于 2014 年是：

○ 1　发生恶劣变化

○ 2

○ 3

○ 4

○ 5　情况大大改善

37. 2015 年，贵公司在银行贷款的综合平均年利率约为：

○ 4% 以下

○ 4%～6%

○ 6%～9%

○ 9%～12%

○ 12%～15%

○ 其他（请注明）＿＿＿＿＿＿＿＿＿

38. 除了借款利率成本以外，您认为贵公司在取得借款时的其他成本状况是（如缴纳的服务类，担保金等）：

○ 1　几乎没有

○ 2

○ 3

○ 4

○ 5　很多，甚至超过借款利息

39. 贵公司如果采用民间借贷的方式取得资金，其利率状况是

○ 较银行贷款利率相当

○ 比银行贷款利率高于 1～2 个点

○ 比银行贷款利率高于 3～5 个点

○ 比银行贷款利率高于 5～8 个点

○ 其他＿＿＿＿＿＿＿＿

40. 2015 年度，贵公司采用民间借贷的比重状况是：

○ 1　几乎没有

○ 2

○ 3

○ 4

○ 5　基本都是

第五部分 企业财务状况

41. 2015 年度，贵公司营业收入约为：［填空题］

42. 2015 年度，贵公司营业成本约为：［填空题］

___

43. 2015 年度，贵公司库存周转率约为：［填空题］

___

44. 2015 年度，贵公司利息保障倍数约为：［填空题］

___

45. 2015 年度，贵公司投资现金流出约为：［填空题］

___

46. 2015 年度，贵公司融资现金流入约为：［填空题］

___

47. 2015 年度，贵公司净利润约为：［填空题］

___

48. 2015 年度，贵公司净资产收益率约为：［填空题］

___

**本次问卷到此结束，谢谢您对我们工作的大力支持！
非常感谢！**